修道院
ライブラリー

修道院へ ようこそ

心の安らぎを手にするための

11章

Die Ruhe der Mönche

ペーター・ゼーヴァルト＝編
ジモーネ・コーゾック＝著
島田道子＝訳

創元社

シスター・アヌンツィアータと、彼女の同僚である
オーバーシェーネンフェルト・シトー会女子大修道院の
シスターたちの好意ある協力に感謝します。

はじめに

私が親しい家族や友人たちに、これからしばらくのあいだ、心の安らぎを求めて修道院に行くつもりだというと、その反応はさまざまでした。

「修道院なんて、誰でも入れてくれるの?」

と、友人のひとりはかなり驚いたようでした。

「すっかり改心して、そのまま尼《あま》さんになっちゃうんじゃないでしょうね」

母はもちろん心配してくれましたし、親しい整体師は、治療のたびにいつも眠りこんでしまう、ややお疲れ気味のシスター(修道女)について話してくれました。

多かったのは、

「君がそれ以上安らぎを求めて、いったいどうするつもりなんだい?」

という、はなはだ失礼な意見でした(彼らは、私がどれほど緊張して毎日をすごしているか知らないのです!)。また逆に、いつもスピリチュアルな体験を求めている知人は、私がキリスト教のなかに、つまりインドやチベットではなく、ごくごく身近な存在のなかにそうしたスピリチュアルなインスピレーションを見いだそうとしていることに、かなり驚いていました。

あわただしくストレスの多いこの現代社会において、安らぎを求める人びとの欲求は、日ましに高まっています。生活のテンポをゆるめ、身も心もゆっくりと休ませることへの強い欲求と憧れ。歴史を調べれば調べるほど、私は人間のそうした欲求に対し、これまでいかにキリスト教が多くのものを提供してきたかに驚くことになりました。そもそも世界中に無数にある修道院そのものが、修行者に対してキリスト教がいうところの「安息《あんそく》」、つまり心身の安らぎを提供するために建てられたものなのです。

さらにいえば、私がふだんヨガでやっているような黙想《もくそう》（サイレント・メディテーション）について、キリスト教が紀元三世紀にまでさかのぼる歴史をもっていることを、私はまったく知りませんでした。また、カトリックの信者が手にかけている「ロザリオ（数珠《じゅず》状の祈りの用具）」（⇩159ページ）が、その黙想を行なうときに、いかに重要な役割をはたすかということも。また、ふだん何げなく口にしている「主の祈り」（⇩10ページ）が、時と場合によっては、まさに精神の大冒険ともいうべき体験への入り口となるという事実についても、私はまったく知らなかったのです。

☆　☆

今回私が体験訪問したオーバーシェーネンフェルト女子大修道院の、やさしい顔をした修道女シスター・アヌンツィアアータは、私とのふたりのだけの会話のなかで、ご自身の生涯についてくわしく語ってくださいました。シスターは人びととの暮らしのなかで、かつては存在した精神面でのつながりが、時代が進むにつれ消えつつあることをよくご存知です。そしてキリスト教の信仰を捨てる人びとが日々増加していることを、もちろん残念に思っておられます。ただその一方でシスターは、そうした現状に対し、一定の理解も示していらっしゃいました。

「大都市の日曜日、隣にいる見知らぬ人と何のつながりもなく、ただミサの席にすわっているだけで、どうして教会に親しみを感じられるでしょうか」

ですから現代に生きる人間は、おそらく現代社会にふさわしい信仰の空間を必要としているのでしょうと、シスターはおっしゃいます。さらに人びとが何よりも必要としているのは、みずからが手本となるような生き方をされたイエスのような良き教師の存在なのだと。

「イエスはほとんどの場合、大群衆の前に立つことはなく、全員の顔がよくわかる小さなグループのなかで活動なさいました。イエスはいつも、人びととの直接的な接触を求めておられたのです」

今回の体験訪問中、シスター・アヌンツィアータは一度も私の信仰についておたずねになりませんでした。またいかなる場合でも、私を見下すような態度をとられることは決してありませんでした。ただシスターは強いプライドをもって、キリスト教が人びとに提供することのできる「大切な宝物」について教えてくださいました。そして現在でも修道院には、そうした宝物を掘り起こし、人びとの前にさしだすことのできる人間がいるということを、その身をもって証明してくださったのです。

ジモーネ・コーゾック

目次

コラム

主の祈り

キリスト教には、神にささげるさまざまな祈りがある。だがこの「主の祈り」だけは、キリスト自身が弟子たちに、「神に祈るときはこのように祈りなさい」といって示した祈りの形であり、聖書にもそのことが記されている。そのため多くの祈りのなかでも特別な位置をあたえられており、信者が黙想するときなど、冒頭にとなえられることが多い。キリスト教徒が「聖なる世界」へ入っていくときの、いわば入り口の役割をはたす、もっとも有名な祈りである。

主の祈り

天におられる私たちの父よ、み名が聖とされますように。み国が来ますように。
みこころが天に行われるとおり地にも行われますように。
わたしたちの日ごとの糧《かて》を今日もお与えください。
私たちの罪をお許しください。わたしたちも人をゆるします。
わたしたちを誘惑におちいらせず、悪からお救いください。
国と力と栄光は、永遠にあなたのものです。アーメン。

1

修道院へようこそ

「ひとりになること、それは内なる安らぎの旅への始まりである」

著者

「お母さんは最高の部屋をもらったんだよ！」

私たちは急ぎ足で小さな庭をこえ、修道院の玄関に向かって歩いている。腕には、おもらしをした赤ん坊がずっしりと重い。寒く、風が強く、霧雨《きりさめ》が降っている。私たちはもう、三〇分も遅刻しているのだ。

朝はいつもあわただしい。前日に完璧な支度をすることなど、一度もできたためしがない。だから毎日、朝起きるとすぐに必要な物をかき集め、急いでバッグにつめこむことになる。今日はそのあとでシャワーをあび、赤ちゃんを抱きしめた。これは私たちにとって、はじめての長い別れとなるはずだから。

だがともかく、まあまあ時間どおりに、私たち一家――夫と六歳の息子、赤ちゃん、そして私――は、ドイツで最古のシトー会女子修道院であるオーバーシェーネンフェルト大修道院に向け、車で出発した。修道院には昼の一二時に着く約束になっていた。

だが出発して一〇分もたたないうちに、赤ちゃんがうめきだし、その後しばらくすると、車のなかにおもらしの匂いが広がった。私たちは新しいおむつをもってこなかったので、ドラッグストアに寄るため、高速道路を降りなければならなかった。だが、なんということだろう。道路地図も忘れてきてしまった！　そのため高速から降りるのが早すぎてしまう。国道、国道、国道の連続……。私は一分おきに、ハンドルの横にあるデジタル時計を見る。今日だけは、絶対に遅刻したくなかったのに……。

大幅に遅れた私たちを、シスター・アヌンツィアータは玄関で待っていてくれた。修道服の上にエプロンを結んだ姿で、気持ちよく挨拶してくれる。

「ようこそいらっしゃいました」

私の一言目は、もちろん、

「遅れてほんとうにすみません」

だった。そして心のなかで、大声でこう叫んだ。

「私はいつもは時間に正確な人間なんです。どうかシスター、悪い印象をおもちにならないでください！」

だがシスター・アヌンツィアータは、軽く微笑むだけだった。

「かまいませんよ。赤ちゃんとのお別れの時間がとれるよう、あなたのスープをもうしばらく火にかけておきましょうか？」

ありがとうございます、シスター。そのように寛大におっしゃっていただいて。心のなかの叫びを声に出さなくて、ほんとうによかった！

伝説によれば、オーバーシェーネンフェルト女子大修道院の始まりは、次のようなものだったという。一二世紀にマンゴルト伯四世という貴族が、現在この修道院が建っている場所で、ひとりの死にかけた隠修士《いんしゆうし》（僻地《へきち》で孤独な修行に入った修道士）を発見した。その男は自分の父と自分自身の過ちを償《つぐな》うため、聖地エルサレムを巡礼したのち修業に入った人物であり、いままさに、たったひとりで生涯を閉じようとしていたところだった。

隠修士が死んだあと、マンゴルト伯四世の夫人はここに礼拝堂を建てた。その後、夫である伯爵が亡くなると、彼女は他の夫人たちと共に、人里離れたこの場所に移住した。そして一二〇〇年ごろ、その共同体はシトー修道会に加わったのである。

今日では約三〇名の修道女（シスター）が、オーバーシェーネンフェルト女子大修道院で生活している。はじめは小さな礼拝堂があるだけだったが、数百年の時がたつにつれ、しだいに大きな木造の建物が造られ、ついには石造りの修道院となった。それは中庭の周囲に、聖堂と修道院本館、そして多くの別館をもつ感じのよい建物で、長い壁が周囲をとりかこんでいる。

私たちを迎えてくれたシスター・アヌンツィアータは四〇歳、やさしい顔をした女性だ。彼女は少し赤みのさした頬で、毅然として修道院の廊下を進み、「私の部屋」のドアを開けてくれた。ほかのすべての部屋と同じく、天井がとても高くて広い！

白く塗られた壁と板張りの床、机といくつかの椅子、大きくて古いタンス、窓際には安楽椅子、壁には十字架と振り子時計。そしてぶ厚い羽根布団と白いシーツ、真ん中にくぼみのある枕と巨大なベッド。生きるために必要なものは、ほかにはもう何もないだろう。「質素さ」はこれほど、人間に広々とした空間をあたえてくれるのだ。そのうえ、すべてが心地よく、押しつけがましさがどこにもない。私はたしかに自分が歓迎されていることを実感した！

六歳になる息子のヨナタンは大はしゃぎで、ひとつひとつチェックするように部屋中を見てまわっている。そして窓から外をながめて叫んだ。

「お母さん！　お母さんは最高の部屋をもらったんだよ！　この窓からは、森を見ることもできるし、山も見える。お母さんは運がいいね。ここの人たちは猫も飼っているよ。僕たちみんなでここに泊まったら楽しいんじゃないかな」

だが、当然のことではあるが、みんなはすぐに帰った。大量のおむつを残して……。とまどいがちに、私はただ、ボーッと部屋のなかで立ってみる。なにしろ、「修道院でリラックスすること」が、これからの私の仕事なのだ。何週間も前から、私は自分が修道院で手にするであろう静けさに憧れていた。何かに駆りたてられることもなく、イライラすることもない気分を心から求めていた。

だが、あわただしくたどりついたこの修道院の部屋で、私は自分の神経がますます高速で回転しているのを感じる。できるだけ早く、シスター・アヌンツィアータとの次の面会の約束をとりつけなきゃ、と私は考える。聞きたいことは本当にたくさんある。沈黙について、会則について、修道院の建築について。また教会がこんなに豪華に装飾されているのは奇妙で、シトー会士たちの清貧というモットーに合わないのでは、という根本的な疑問についてもたずねなければ……。それから、ほかに質問しなければならないのは何だっけ？　次のお祈り（共唱《きょうしょう》祈祷《きとう》）の時間はいつなのだろう？

ひょっとして、さっそく少し体験記を書き始めほうがいいのかしら。

こうして一時間もしないうちに、私は椅子にすわってノートパソコンを開き、キーボードをたたき始める……。

ストップ！

これでは日常から離れ、深い安らぎの時間をもつという本来の目的を達成することは、とうていできない。

「職業をもっている人の三分の一は、仕事が終わっても切り替えができていません」

と、ケルンのスポーツ心理学者ヘニング・アルマーはのべている。

「彼らは本当の意味での休養ができていないのです」

私たちの日常は、絶えず効率的であることを求められているため、安らぎの時間をもつことは非常に難しい。国際労働機関（ＩＬＯ）は、ますます加速するテクノロジーとグローバル化の流れのなか、今後世界中でストレス性の病気が劇的に増加するだろうと予想している。うつ病、心臓疾患、脳卒中、がん、糖尿病、燃えつき症候群のようなストレスによる病気が私たちの社会に急速に広まったことにも、理由がない訳ではない。ドイツだけでも、産業界はストレスや心の問題を理由とする欠勤のため、すでに年間数十億ユーロの経費を余分にかけているという。

大人たちのなかでも子どもたちのなかでも、注意散漫や多動症と診断される症状が増えている。つまり大人も子どもも、ある程度の時間、ひとつのことに集中することができないのだ。さらにドイツではもうかなり以前から、職業病と認定されている六八の病気のうち、騒音による難聴がナンバー1になっている。聴力の低下と耳鳴りは、まさに国民病といえるレベルに達しているのだ。

難聴は、いわば人間の防衛本能のあらわれだといえる。まず人間が強いストレスを受ける。すると体のなかで最初に耳がギブアップし、その機能を停止する。そして外部からの音を拒否することで、通常では手に入れられない「安らぎ」を手にするというわけだ。このように理性がストレスをとりのぞけないときは、身体がその役割をはたしている。しかもかなり過激なやり方で！

こうして日々の暮らしのなかで、「安らぎ」や「癒し」を求める声は、ますます高まっている。問題は、そのために何をすればよいか、よくわからないことだ。どこかに私たちが見習うべきお手本があるのだろうか。たとえばこのオーバーシェーネンフェルト大修道院のように、私たちにいまでもなお、何か有益な助言をしてくれる古い伝統や知恵が残されているのだろうか？

　気分を変えるため、私は修道院のなかを見てまわることにした。まず長い石の廊下を歩いてみる。石造りの建物というのは、驚くほど寒く冷たい。なんというか、寒さが直接服のなかまでしみわたってくるようだ。人がいないので、聞こえてくるのは自分の足音だけ。物音も人の声もまったくしない。

　閉まったままの木の扉のそばを通りすぎる。「世俗の方、立ち入り禁止区域、入らないで下さい」という札がかかっている。私はその奥の立ち入り禁止区域（禁域《きんいき》）に、シスター（修道女）たちがすわっている様子を想像する。なかには熱心に話をしているシスターもいるかもしれない。自分の部屋のなかでひとり、祈りや読書に専念しているシスターもいるだろう。そうした彼女たちの真摯《しんし》な姿と真面目さ、重い扉を通してもなお伝わってくる信仰への強い思いに、自分が大きな共感を抱いていることを、私は少しずつ気づかされていく……。

　ヨーロッパやアメリカで暮らすほとんどの人は、程度の差こそあれ、キリスト教に

人里離れた谷あいに建つ、オーバーシェーネンフェルト・シトー会女子大修道院

ついてそれぞれの経験と立場をもっている。けれども、もし誰かが一〇年前に、私が将来、人生の指針をよりによって修道院で探すことになるだろうと予言したら、私はそんなことはとても信じなかっただろう。たしかにごく幼いうちは、私は何の疑いもなくミサに出席し、聖歌隊で賛美歌を歌う、幸せいっぱいのカトリック教徒だった。だが年をとるにつれ、私はいつのまにかキリスト教に裏切られたような感情をもつようになっていたのだった。いまでも、それが何故かはわからない。おそらくさまざまな経験をへて、神の下される裁きの公平さを、信じられなくなったことと関係があるのだろう。それに加えて、ミサに集う品行方正な、やたらと宗教的熱意のある人たちへの違和感もあった。ひたすら祈りつづけ、そのことで何とか天国へ行こうとする彼らの姿に、私はどうしてもなじめなかったのだ。

私のキリスト教に対する反感は、かなりの水準に達していたようだ。なにしろ観光旅行の先で、有名な教会を訪れることさえ避けるほどだったのだから。その反動だったのか、私は禅に、そしてヨガに興味をもち始めた。その後しだいに感情的な反発はおさまり、いつしかキリスト教への好奇心も少し芽生え始めたけれど、本格的にキリスト教を見直すまではいかなかった。

でも今回、修道院を体験訪問するという願ってもない機会が訪れ、その準備としてキリスト教関係の本を読み始めた私は、自然と胸が高鳴るのを感じた。どうして、もっと早くこのテーマに取り組まなかったのか。そして私は、読めば読むほど多くのことを発見した。納得できることはあまりにも多く、現実の生活にとても有益な発見もあった。さらに、昔知っていたさまざまなキリスト教の概念が、まったく新しい内容をもってよみがえるようになったのである。

そうしたことを考えながら、寒い廊下から部屋に戻ると、その暖かさがうれしく感じられた。窓から外をのぞくと、ひとりの年老いた修道女がゆったりした足どりで庭を散策している。彼女は少しよたよたしながら道ばたにある樅《もみ》の木のところへ行って、何かをのぞきこんでいる。しばらくすると、また反対側の道ばたへ行き、灌木《かんぼく》のあいだをのぞいている。すると、とうとうきつね色のぶちがある猫が現れた。彼女はかがみこんでその猫をなで、それから建物のなかへ入っていった。猫もそのあとをついていく。このちょっと珍しい光景が、なぜか私にはこれから経験する明るい未来を暗示しているように感じられた。

ドアがノックされる。シスター・アヌンツィアータだ。

「今日はあいにくあなたのための時間はもうとれません。お世話しなければならないグループがもうひとつありますので」

とおっしゃる。

「でも明日なら大丈夫です」

それから彼女は、週末はパン売り場も本売り場も閉まっていることを教えてくれた。

「それではまた、お祈り（共唱祈祷《きょうしょうきとう》）のときにお会いしましょう」

シスターが去ったあと、私はぐったりして安楽椅子にすわりこんだ。まだなにもしていないのに、なぜかいままで味わったことのないほどの安らぎが、私の身体をつつみこんでいた。

修道女と猫

2

「修道院の安息」に関する短い考察

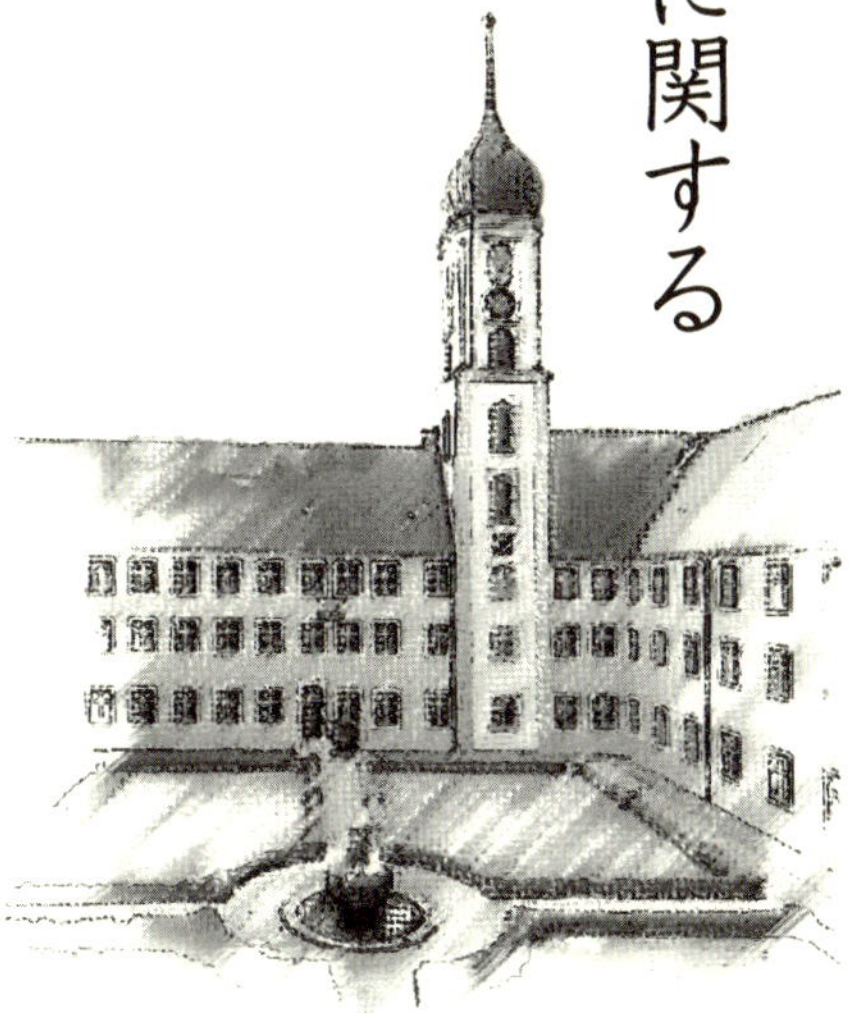

「私が森に引きこもったのは、深く考えながら生きること、本来の生にもっと近づき、それが教えてくれるはずのことを学べたかどうかを見きわめたいという望みをもっていたからである」

ヘンリー・デーヴィド・ソロー

静けさと安らぎを求めて

私の友人のひとりに、変わった趣味をもつ男の人がいた。彼はヴァカンスに出かけるとき、いつも「真の静けさ」に包まれている場所をなんとか探そうとしていたのだ。その熱意は少し異常なほどで、何かにとりつかれているようにも見えた。文明の生みだすいかなる種類の騒音も聞こえない場所こそ、彼にとってはもっとも偉大で、もっとも神秘に満ちた存在だというのだ。

長年彼はそうした理想の場所を探しつづけたが、結果はむなしかった。どんなに高い山に登っても、頭上に飛行機の音が聞こえた。森を散策しても、遠くから車のクラクションが聞こえた。大平原にも行ってみたが、電線が風で揺れる音や風車のまわる音が聞こえたという。

それから彼はナミビアに行き、全長一六〇〇キロといわれるナミブ砂漠へ入った。そこでかぎりなく広がる砂丘のひとつに登ったところ、さすがに見えるものは砂ばかりだった。そして聞こえるのも、かすかな風の音だけ。彼はついに、理想とする「真の静けさ」に包まれた場所を見つけたのだった……。

だが、そうした「真の静けさ」が、いったい何だというのだろう。それは多くの人びとがいうように、人間の本性にとって本当に必要なものなのか。生きものはみな、本来、新たなエネルギーをあたえてくれる「絶対的静けさ」への欲求があるとでもいうのだろうか。

キリスト教における「安息《あんそく》」の意味

そもそも静けさのなかで心身を休め、安らぎを得たいという欲求は、キリスト教のなかに受けつがれてきた「安息《あんそく》」という概念と大きな関わりをもっている。私の友人の風変わりな行動も、そうしたキリスト教的な価値観が無意識のうちに影響していた可能性は高い。

静かな場所で心身を休める「安息」という概念は、キリスト教徒にとって非常に重要なものとされている。それは騒音のない時間と空間というだけでなく、そこでその人の魂が、調和と幸福に満ちた安らかな状態にあることを意味している。キリスト教における「安息」の歴史は古く、すでに聖書のなかで「安息」には、きわめて高い価値があたえられていた。聖書のなかで「安息」は「天の楽園」にたとえられ、またあらゆる人間が熱望する場所が「安息の国」と呼ばれているほどなのである。

さらにいえば、神ご自身も安息を求められていた。聖書によれば、神は世界を創造されたのち、こう望まれたという。

「七日目は、あなたの神、主の安息《あんそく》日であるから、いかなる仕事もしてはならない。あなたも、息子も、娘も、男女の奴隷も、家畜も、あなたの町の門のなかに寄留する人びとも同様である」（「出《しゅつ》エジプト記」20：10）

安息はゆとりをあたえる

世界中に存在する無数の修道院は、簡単にいえば神との出会いを求める僧たちに、そうした「安息」を提供するために建てられたといってよい。だから修道院とそこで暮らす修道士たちの世界は、すべてが「安息」という概念を中心に運営されている。彼らが身につける修道服は簡素でゆったりしており、彼らが暮らす建物は厚い壁によって外部から遮断されている。修道院の回廊は、人間の移動によって生じる騒音が黙想の邪魔にならないよう中庭に設けられており、建物の構造そのものが、静けさと黙想のなかで修道士たちが時を過ごせるように設計されている。さらにいえば、修道士たちのゆったりした歩き方や話し方、立ち居振る舞いのすべて、そしてコミュニケーションの仕方などすべてが、安息を得られるように考えられているのだ。

安息は私たちが新たな活力を獲得し、みずからを高めていくために不可欠なものである。修道士の理解にしたがえば、人間は安息に達したときのみ、自分自身と、また世間と、調和して生きることができるという。事実、そのおかげで修道院で暮らす人びとは、今日まであのような自信と判断力、そして何より独特の穏やかな明るさを生みだしてきたのだろう。

安息は修道院の伝統のなかで、神との結びつきを手にするために絶対欠かせない条件となっている。神、聖なるもの、神秘、世界の根源、エネルギー……。何と表現しようとかまわないが、それは現実世界をはるかに凌駕《りようが》した存在であるため、本来言葉で表現することができない。また静寂や沈黙が「聖なる認識」の条件であることは、キリスト教だけでなく、ほかの多くの宗教でもまったく同じように考えられている。

たとえば禅宗でも、いわゆる「坐禅」こそが、悟りを開くための基本的訓練とされている。座禅を行なう者は姿勢を正して、「三昧《さんまい》（サマーディ）」のなかですわる。それは精神が集中し、冴え渡っているが、意識が具体的思考に向かわず、何かのイメージを思うこともない、その様な意識状態に留《とど》まることを意味している。

砂漠――修道生活の始まり

そもそも修道生活の歴史は、紀元三世紀ごろに最初の修行者（隠修士《いんしゅうし》）たちが、エジプトのナイル河畔の砂漠に庵《いおり》を結び、祈りと静寂の生活を送ったことから始まる。それまでの町や村での生活を捨てて砂漠へ向かったとき、彼らにとってなにより重要なのは「去る」ということだった。騒がしさと多忙に満ちた、変転きわまりない俗世を去ることだった。そして彼らがみずからを救済しようとしてはじめた砂漠での生活は、その後、無数の人びとに対して、新しい人間の生き方を示すことになった。彼らは神秘を内包する砂漠の静寂こそが、神へ近づく道であることを確信していたのである。

そうした生活を最初に始めたとされるのが、聖アントニウス（二五一頃～三五六年）

である。彼はエジプトの名家の出身だったが、二〇才になったころ、両親を亡くした。そのあと、教会のミサに出席したアントニウスは、聖書の一節に文字どおり、心の真ん中を打ち抜かれたのだった。

それは「マタイによる福音書」に登場する金持ちの青年の話だった。そのなかでイエスの弟子であるその青年は、いったいどうしたら人間は「完全な存在」になることができるでしょうと、イエスにたずねる。

「完全であろうとするなら」

と、イエスは答える。

「行って、お前の財産を売り、貧しい者に金をやりなさい。そうすればお前は天に、失うことのない富《とみ》をつむことになる。それから、私にしたがいなさい」

そしてさらに弟子たちにむかっていわれた。

「はっきりいっておく。金持ちが天の国に入るのは難しい。重ねていうが、金持ちが天の国に入るよりも、らくだが針の穴を通るほうがまだやさしい」

アントニウスはこの一節を聞き、その場で回心《かいしん》し、すべての財産を寄付して町外れに引きこもった。そしてイエスを見習って断食を始め、次第に苦行の度合いを深めていった。さらに町外れから洞窟へ、洞窟から砂漠の奥深くへと、ますます人里離れた場所に住居を移していったのである。その生活ぶりを、紀元四世紀に『聖アントニウス伝』を書いたアレクサンドリア主教アタナシウス（二九五頃〜三七三年）は、

「アントニウスは非常に長時間起きており、徹夜することもよくあった」

と、伝えている。さらに、

「彼は日没後、日に一度だけ食事をした。何かを口にするのは二日に一度、四日に一度ということすらよくあった。アントニウスの食料はパンと塩であり、唯一の飲み物は水だった」

という。そのように砂漠の「絶対的静けさ」のなかで、きわめて禁欲的な生活を送ることで、聖アントニウスは日々、神との出会いの道を追い求めたのだった。

砂漠が修行者たちに力をあたえるというのは、騒がしい俗世と完全に接触を遮断できることに加えて、砂漠には多くの試練や危険が存在するからである。もともとユダヤ・キリスト教の伝統のなかで、すべての偉大な預言者は、みな砂漠のなかで孤独や危険、誘惑と戦い、それに打ち克つという道を歩んでいる。

たとえば四〇日間を砂漠で過ごした預言者エリヤのことは、昔からよく知られてい

た。またヨルダン川でイエスに洗礼を施《ほどこ》したことで有名なヨハネも、長いあいだ砂漠で修行の日々を送っている。さらにはモーゼも、神から十戒を受けとる前には、シナイ山で四〇日間の孤独な生活に入らなければならなかった。

そして修行者たちの理想であるイエス自身も、ご自分の使命を悟られるためには、聖霊によって砂漠に導かれ、ひとり祈りの時間をもち、悪魔《サタン》からの誘惑を退けるなどの準備段階をへられる必要があった。

このように砂漠へ向かい、そこで孤独のうちに精神の修行を行なうことは、古くから指導者たちの伝統だった。とくに神を求め、神に身をささげた人たちは、昔から砂漠に向かい、そこで精神の浄化をなしとげ、多くの試練や誘惑との戦いに挑もうとしていたのである。

苦行競技のチャンピオン

今日から見れば、当時の修行者たちが行なった砂漠での苦行に共感することは難しい。修道生活の創始者である聖アントニウスなどは、まるで苦行競技のチャンピオンのようだ。彼こそは「断食競技」の勝者であり、「不眠競技」の記録保持者にして、「もっとも固い板の上で眠る男」の異名をもつ……。

　これは決して、からかっていっているわけではない。実際、あやまったプライドと見栄によって苦行がバカげた形をとり、まちがった方向に進んでしまう修行者が続出した。自分の身を痛めつける苦行は、重大な病気や、ときには死さえもまねくところまでエスカレートしていった。このような極端な苦行の例は、もっとあとの時代になってもまだ存在した。たとえばクレルヴォーの聖ベルナルドなどは、きびしい禁欲によって早くから胃病となり、一生それに苦しめられることになった。

　もちろん聖アントニウスにとっても、ほかの砂漠の長老（師父《しふ》）たちにとっても、そうしたきびしい生き方は、それ自身を目的としたものではなかった。孤独のなかで自分自身の人格を克服し、ついには棄て去るという生き方は、より深い真実がどこかに存在するという確信にもとづいた、神の道へ近づく方法だったのである。

　こうしてアントニウスの影響力は、彼が町から離れれば離れるほど、逆に大きくなっていった。その名声は広く響きわたり、ますます多くの人びとが、彼をめざして巡礼し、彼の忠告を求め、彼の創始した生活様式にしたがうようになった。

アントニウスは自分がどうしてよいかわからないとき、よく山の上にすわり、祈った。そして探していた答を手に入れたという。というのは砂漠の静寂における修行のなかで、アントニウスは沈黙だけでなく、聞くことを学んでいたからだった。自分の内なる声に耳をすませることを、そして同時に神の声に耳をすませることを。

悪霊の踊り

今日の心理学的な観点からいっても、砂漠のような外部と遮断された環境で内省することは、安らぎを得るためのもっとも適切な方法だといえるだろう。肝心なのは、一度「自分を捨てる」ことだ。そしてさまざまなものから「去る」ことだ。日常の騒音から、日々の雑事から。誤ったささやきをする者たちから、いま何をすべきか、考えるべきか指図しようと、四方からうるさく響いてくる声から……。

たしかに砂漠は、人間がまちがった道を進むことをやめ、方向を転換しようとするとき、大きな手助けをしてくれる。だがその過程において、精神の浄化を必要とするこの戦いは、自分のなかに蓄積されたあらゆる汚れや、心まどわす試練をも活性化させ、精神の格闘を要求してくるのである。

どの人間にも、その人固有の悪霊がいる。というのは、悪霊は私たちの一部だからである。それは私たちから安らぎを奪おうとするだけではなく、私たちをまどわせ、際限のない欲望をいだかせる。そして私たちを過食や過労に追いこんだり、他人に対して高慢な態度をとらせたり、威張ったりさせる。そうした悪霊こそは、かつて砂漠の長老（師父《しふ》）たちや、聖ベネディクトゥスなどが戦いを挑んだのと同じ相手なのだ。『アントニウス伝』には、「悪魔は彼に汚い考えを吹きこんだ」と書かれている。「悪魔は彼を性欲で刺激した」とも。

だが、それでもアントニウスが試練に耐え抜いたため、悪霊たちは真剣に戦う必要があることを知った。

「悪霊たちは夜、その場所が揺れ動くほど荒れ狂い、野獣や爬虫類に化けた。その場はすぐにライオンや熊やヒョウや雄牛、さらに蛇やサソリや狼の恐ろしい姿で一杯になった」

という。こういう悪霊たちのたてる騒音は、「恐ろしく、その怒りはぞっとするほどだった」とも。だが結局、神とともに戦った聖アントニウスが、この戦いに勝利をおさめたのである。

「アントニウスは彼ら（悪霊たち）から鞭打《むち》たれ、拷問をされたが、激しい肉体的な痛みは感じたものの、震えることもなく、その魂は冴え渡っていた」

という。

最初の修道院

アントニウスのほかにも、紀元四世紀にはパコミウスやバシリウスなど、みずから望んで修行生活に入り、その中で神に出会った、修道士の父とよばれる賢者たちが存在した。そうした初期の隠修士のなかから、しだいに施設を建てて共同生活を送り、周囲を壁でかこんで外部との交渉を断つグループが生まれていった。

たとえば聖バシリウスは、みずからが孤独な修行生活を送ったのち、そうした単独での修行は、しょせんは個人的な有効性しかもたないと考え、故郷のカッパドキアに修道院を創設した。その規則は、聖書に書かれた次のような、イエスの死の直後生まれたキリスト教の初期共同体を模範にしていた。

「信者たちは、みなひとつになって、すべてのものを共有にし、財産や持ち物を売り払い、それぞれ必要に応じて、みながそれを分けあった。そして彼らは、毎日ひたすら心をひとつにして神殿に参り、家ごとに集まってパンを裂き、喜びと真心をもって共に食事をし、神を讃美していた」（「使徒言行録」2：44－47）

こうした共同での助け合いは、バシリウスにとって非常に重要な位置をしめていたが、その一方で彼もまた、孤独を中心的な価値として共同体のなかにとり入れている。

「静かな沈黙のなかで修行することは、修道士にとって良きことである」

と、バシリウスは彼の手引書のなかに記録している。というのも、孤独のなかで他者と話をせずに暮らしていると、「昔のことで心を騒がせることがなくなるので、（略）良いことを学ぶゆとりができる」からだというのだ。

コラム

長老（師父《しふ》）たちの言葉

エジプトの砂漠の修道士のなかの知恵ある老人は、「アバ（長老＝師父《しふ》）」と呼ばれた。彼らが見いだした悟りの言葉は、現在にいたるまで、長く伝承されてきた。いわばそれは沈黙のなかから生まれた認識である。

次に紹介するのは、一〇年以上エジプトの砂漠の長老（師父《しふ》）たちのもとに滞在した、ヨハネス・カシアヌスの手記からの物語である。

ある孤独な修道士のところへ、ある日、数名の訪問者がやってきた。

彼らは修道士にたずねた。

「あなたは自分の静寂の人生に、いったいどんな意味があると思っているのですか？」

修道士はちょうど雨水溜めから水をくもうとしていた。

彼は訪問者たちにいった。

「水溜《みずた》めのなかをのぞいてみなさい。何が見えるかね？」

その人たちは深い水溜めのなかをのぞいた。

「私たちには何も見えません」

しばらくしてから修道士はふたたび、訪問者たちにいった。

「もう一度、水溜めのなかをのぞいてみなさい。何が見えるかね？」

訪問者たちはもう一度、下をのぞいた。

「ああ、いまは自分たちの姿が見えます」

修道士はいった。

「そうだろう。私がさっき水をくんだときは、まだ水面は波打っていた。いま水は静かになっている。これが静寂の体験だ。水が静まると、自分自身の本当の姿を見ることができるのだ」

モンテカッシーノの神秘

そして紀元五三〇年ごろ、南イタリアで修道院の歴史に決定的な出来事が起きる。モンテカッシーノに修道院を設立した聖ベネディクトゥスによって、修道院のルールを細かく定めた『会則（戒律）』が執筆されたのである。バシリウスによれば、それまでにも多くの修道士たちがそれぞれの修道院でルールを定めていたが、どれもベネディクトゥスの『会則』に匹敵するほど重要なものではなかったという。

ローマ北東のヌルシアに生まれた聖ベネディクトゥスは、もともと自分が暮らす修道院のためにこの手引書（『会則』）を執筆したのだが、その規則が非常にすぐれたものだったため、しだいに広まり、九世紀にはほとんどのキリスト教修道院でもちいられるようになった。それから一〇〇〇年以上たった現在でも、この『会則』は依然として利用されており、何十万もの人びとが修道院での生活をそれにしたがって律している（修道院の外でも、多くの人びとがこの規則を守って生活している）。

いまから思うと聖ベネディクトゥスという人物は、人間というものの本質を実によく知っていた、文字通りの賢者だったといえるだろう。彼は人間にとって何が行なうにやさしく、何が難しいかを知りぬいており、あらゆるタイプの人間が人生をより良く生きられるようにとの願いからこの手引書を執筆した。その内容は私たちに対し、かなりの禁欲を要求してくるが、意外に寛容な面もある。そして何より重要なことは、真の「安息」に到達したいものは、彼の定めた規則のなかに、確固とした指針を得ることができるということなのである。

『会則』の主な内容をまとめると、次のようになる。

一．「聞け（オブスクルタ）」――この言葉から、世界を変えた聖ベネディクトゥスの『会則』は始まる。人間が成長するうえで、「正しく聞く」ことは何よりも重要である。それは他人からの忠告に対しても、また自分自身の内面に対しても、素直に心を開くということだ。そもそもあなたは、自分が置かれている状況に対して、また人生それ自体に対して、なにより神に対して、つねに注意深くあらねばならない。したがって「正しく聞く」というのは、もちろん理性だけの問題ではない。ベネディクトゥスは「聞け」につづけていう。

「あなたの心の耳を傾けよ」

二．中庸《ちゅうよう》の原則――この原則は日々の暮らしのすべてにおよび、労働、飲食、服装、祈りや断食など、ありとあらゆる状況に適用される。人間は何事も極端に走るべきではなく、バランスをたもちつつ人生を渡るべきだという、この中庸という原則は、人間の暮らしに秩序とリズムをあたえ、無秩序を排除する。より具体的にいえば、「何よりもまず、分別をたもち、無節制を避けよ」ということになる。

三．沈黙の修行――沈黙は内的な平安に達するための第一の条件である。だからベネディクトゥスはいう。

「修道士はつねに熱意をもって、沈黙に努めなければならない」

だがそれは、今日や明日だけの話ではなく、生涯をかけての挑戦となる。ベネディクトゥスは『会則』のなかで、修道士が天の高みに到達するための段階として、一二の段階を設定している。そしてその一一段階目になってはじめて次のように書いているが、それはいかに沈黙を実践することが難しいかを示している。

「第一一段階は、修道士が話をするとき、穏やかに、笑い声を立てず、謙虚に、だが品位をもって言葉少なく分別ある話し方をし、大声をあげないことである。

『賢者は言葉数の少なさでわかる』という」

四．個々の人間は、属している共同体が平和な状態にあるときだけ、安息を見いだすことができる。だからみな、自分の幸福だけでなく、ほかの人びとの幸福についても尊重しなければならない。

「ゆえに年の若い者は年長者を尊敬し、年長者は年の若い者を愛すべきである」

五．神的な存在との結びつきを通じてのみ、人間はありのままの自分にいたることができる。このつながりはミサ、告解《こっかい》、観想などによって築くことができる。つまり修道士にとっては、労働ではなく、神と共にある喜びが第一なのである。したがって、「ミサに優先するものは何もない」。

六．どんな人間も、神がその人のために定められた道を知り、その道を歩むべきである。それは奴隷のように運命に隷属せよということではない。大切なのは自分自身の歩むべき道を知り、それによってイエスへいたる道だけでなく、自分自身の人生の幸福に向かっても歩めということである。

七．そうした道をより簡単に見いだすために、ベネディクトゥスはつねに平安を追い求めることをすすめている。他人とのあいだの平安だけでなく、自分自身の平安についても。

彼自身が三年間、洞窟に引きこもってひとりで生活していたとき、そうした平安を追い求めるための模範的態度を実践している。というのは、彼はそこで「自分自身を相手に暮らそう」としたのだという。つまり、ひとりになって自分と向き合い、自己否定をやめてありのままの自分を受け入れる。そのことで内的分裂や葛藤のない「本当の自分」になろうとしたのである。沈黙すること、耳を傾けること、自分のなかで長く抑圧してきた問題を浮かび上がらせること、自分の本当の望みを問うこと。そうしたなかで「平安を追い求めよ」としたあと、ベネディクトゥスは神との望ましい関係についてこうのべている。

「あなたが呼べば主は答え、あなたが叫べば、『私はここにいる』といわれる。（略）

呪いの言葉をはくことを、あなたのなかからとり去るなら」（「イザヤ書」58：9）

何度も何度も、ベネディクトゥスは『会則』のなかで聖書を引用している。まさに聖書こそは、彼にとって「最高の規則」そのものなのである。

「旧約聖書、新約聖書のどのページも、神によって書かれたどの言葉も、人生にとってもっとも正しい道しるべである」

と、彼は『会則』の最終章に書いている。自分が書いたこの規則集を、彼は「聖書の注釈書」であると位置づけていた。

もしかするとベネディクトゥスの『会則』は、現代に生きる私たちから見ると、細かな指針をあたえてくれる一方、厳格すぎて面倒な印象をあたえるかもしれない。だが修道士たちは現在でも、結局はこの『会則』にしたがって、多くの時間を沈黙と祈りにささげている。修道院の一日は、スケジュールがあらかじめ厳格に決められており、大きな変更は想定されていない。

修道士となることは、普通の市民の人生設計とは比較にならないほど、思い切った決断であることはまちがいない。修道士たちは、そうした普通の市民たちが歩むことのない過激な道を歩むことで、人びとに道を示そうとしているともいえる。

ベネディクトゥスは『会則』のなかで、修道士たちに対し、「きびしすぎることや、難しすぎることを求めるつもりはない」とのべている。だがそのあと、すぐに「しかし」とつづけていう。「しかし、もし正当な理由から、(略)きびしい規則が課せられたとしても、不安がって、救いの道から逃げようとしてはならない。その道は、はじめから狭いに決まっているのだから」

これは、イエスの言葉を思いださせる。「狭い門から入りなさい。滅びに通じる門は広く、その道も広々として、そこから入る者が多い。しかし、命に通じる門はなんと狭く、その道も細いことか。それを見いだすものは少ない」(「マタイによる福音書」7:14)

今日にいたるまで修道院は、騒々しくあわただしいこの世にあって、安らぎのオアシスでありつづけている。外の世界では、すべてがますますストレスに満ちあふれている。人びとがスピード中毒に犯され、難聴がほとんど流行病のようになっている世界のなかで、すべての修道院は、私たちに警告をあたえるシンボルとなっている。そ

修道院の回廊と階段

れはゆったりとした安らぎのシンボルであり、混沌のなかの秩序のシンボル、焦燥のなかの安全のシンボル、そして強欲のなかの清貧のシンボルなのである。

3

一日のリズムについて

●正しいリズムを見つける方法

「われわれは日ごと一日が、新たな人生であるかのように始めるべきである」
エディット・シュタイン

いかにして正しいリズムを見つけるか

オーバーシェーネンフェルト大修道院の食堂は、みなさんにお伝えするのが難しいほど、実に巨大な部屋である。それは「部屋」というには不似合いなほど広く、「空間」といったほうがしっくりくるほどだ。そのなかでふだんは、三〇名ほどのシスター（修道女）が食事をとっている。そのため席にすわると、私はいつもかなり強い違和感を覚えた。もしここがホテルなら、軽く二〇〇人の客が食事をとれるだろう。しかしシスターたちはその巨大な空間のなか、たがいにひとりずつ離れてすわっており、みな相手もなく黙って、ただ皿に目を向けている。壁に描かれた聖書の絵や、大きな十字架などに視線をむける人もいない。

古参のシスターたちは前のほうにすわっていて、一番前では修道院長のマザー・アンチラがふたりの院長代理といっしょに食事をしている。院長たちの席のすぐ横には、窓側に説教檀があって、そこからシスターたちが交代で「食卓の朗読」を行なうことになっている。

今日はパン売り場の責任者であるシスター・ヒルデガルトが、マイクの角度を調整している。彼女は、ふだんは非常に親しみやすく、快活そうな女性だ。だがいま説教台の上にいるシスター・ヒルデガルトからは、そうした性格はほとんど感じられない。ここでは彼女は、聖書の朗読者以外の何者でもない。

食卓の給仕をしている四人のシスターが、大きな鉄製の配膳台を転がしてスープを運んでいく。そのあいだにシスター・ヒルデガルトは、ゆっくりとした北ドイツなまりの言葉で、旧約聖書の「列王記」の一節を朗読していく。

メインディッシュの給仕が始まる。今日はヌーデル・アウフラウフ（パスタ入りのグラタン）だ。あちこちでナイフで物を切る音がし、金属と金属がぶつかる音がする。

「シスターたちが食器で音をひびかせるのをお聞きになりましたか？」

と、のちにシスター・ヒルデガルトが楽しそうにたずねてきた。安らぎという概念は相対的なものであるため、ときには雪の降る音さえ、うるさく感じることがある。ジョン・ホプキンス大学のある調査によれば、水面《みなも》に落ちる木の葉の音は、多くの水《すい》棲《せい》動物にとってわずらわしい騒音であるという。はたしてシスターたちは食器の音を、どのように聞いているのだろう。

オーバーシェーネンフェルト大修道院の食堂

私たちがグラタンを食べているあいだに、シスター・ヒルデガルトはベネディクト会の『会則』に関する論文を読みあげる。

「良い服を着ていさえすれば、自分をいくらかましだと思う者は、心の自由をおびやかしている……」

デザートにバナナが一本配られる。

「修道院の生活をその源《みなもと》から活性化しなければならない……」

給仕係が、空の皿をまわして残りを集め始める。どの手の動きも整然としている。朗読が終わり、シスター・ヒルデガルトがマイクを切る。カチッという音を合図に修道院長は立ちあがり、前方の食卓の人から順に、十字路を通ってコートスタンドの横の扉へと進む。そこで修道院長はストールをはおり、ブラジルから訪問中のシスターは厚い薄紫色のジャケットを着ている。彼女たちはこれから墓地へ行って、死者たちのために祈りを捧げるのだ。

このとき修道院長はひとつの言葉で、シスターたちの沈黙を解く。

「ベネディチテ！（善きことを語れ！）」

この言葉を聞くと、シスターたちの態度が急変する。たったいままで彼女たちは、完全にみずからの内面へこもって神との対話に集中していたが、いまや心を開いた顔つきになって、やさしく私に微笑みかけてくれる。

「何もかも、あなたにとっては目新しいことばかりでしょう。本当によくいらっしゃいましたね……」

聖ベネディクトゥスの『会則』にしたがった生活

シスター・アヌンツィアータは一九八八年四月一〇日の一一時二五分、お昼のスープのちょっと前に、オーバーシェーネンフェルト大修道院で「見習い修道女」になる届出を出したという。彼女は看護婦としての仕事をやめ、車を売り、住まいの契約を解約するなど、約半年の準備期間ののち、修道院に入った。当時彼女は、これで「すべてはおのずから片づくところに片づく」だろうと思っていた。だが、それは大きなまちがいだった。「すべてはおのずから片づくところに片づく」どころか、代わりに「つらく大変な数カ月」がやってきたのだった。

「私ははじめのころ、どんなふうに夕食後、自分の部屋ですわって、何を考えていたかをまだ覚えています。そのとき湧《わ》きあがったのは、『もうベッドに入りなさいというの？　これから先もずっとこんな人生がつづくの？』という心の叫びでした」

まったく新しい日々のリズムになじんでしまうまで、それは恐ろしいストレスだったという。だがシスター・アンヌンツィアータは、子供のようにひとつずつ学んでいった。というのも、そうするしかなかったからだった。そこには一般社会の習慣と同じものなど、なにひとつなかったのだから。

たとえばオーバーシェーネンフェルト大修道院では、朝の五時に最初の鐘が鳴る。それは一般社会のように、起きたい者が起きたい時間に合わせておいた合図ではなく、厳格な掟《おきて》なのである。一日はそうしたきびしい規則にしたがって始まり、過ぎていく。その秩序の中心に六回の共同の祈り（共唱祈祷《きょうしょうきとう》）が位置している。この祈りの時間を軸として、食事の時間、聖書や祈りに関する本の読書（霊的読書）、労働、個人の祈り、自由時間が配置されている。

そして近年、中世ほどきびしく維持されていない点もあるが――たとえばオーバーシェーネンフェルトのシスターたちは数年前から、以前ほどは顔を隠さないタイプのヴェールを着けている――シスターたちは相変わらず、聖ベネディクトゥスが定めた

『会則』にしたがって暮らしている。いつ話し、いつ沈黙し、いつ労働し、いつ祈るのか、誰が共唱でどの場所に立ち、どの詩篇が朝に歌われ、夜に歌われるのかというすべての行動について。

「時間」についての新しい概念

「祈れ、そして働け《オーラー・エト・ラボーラー》」

この言葉は現在でも、多くの修道院でモットーとなっている。ベネディクトゥスが偉大だったのは、彼が定めた『会則』のなかで、神への祈りと共に「労働」を重視したことだった。

「怠惰は魂にとって敵である。そのため修道士は一定の時間を手作業に当て、一定の時間を聖なる読書に当てるものとする」

つまり時間をうまく活用し、祈りに加えて労働にも励むことが求められているのだ。これはまったく新しい考えだった。それまで労働は、人間にとって非常に価値の低いこと、いってみれば「奴隷が行なう、苦痛をともなった義務」と考えられていたからである。だがベネディクトゥスが『会則』のなかで労働を奨励し、新たな価値をあたえたことで、修道院が経済的に自立し、富を蓄積していく道が開かれたのだった。

また時間をうまく活用するため、毎日定時に決まった祈りや労働が行なわれるようになった（⇩66ページ）ことで、このころから時間が正確に計測されるようになった。ここでもベネディクトゥスが天才的だったのは、祈りと同じく、労働についてもやりすぎないよう、中庸のラインに位置づけたことである。その後、一日のなかできちんと時間を定めて祈るという習慣が、聖職者のあいだに広まっていった。その結果、修道士たちは、時間についてのまったく新しい概念をもつようになっていったのである。

だからヨーロッパで最初の機械時計が修道院でもちいられていたのは、決して偶然ではない。また、そもそも最古の時計が、フランスのボーベーにある聖ピエール司教座聖堂にかけられているのも、やはり偶然ではない。

歴史的に見ると、この定時に祈るという習慣は、もともとユダヤ人が行なっていた習慣だった。旧約聖書の「詩編」にも、

「（主よ）一日に七度、私はあなたを讃美します」

と書かれている。この一日七度の祈りと、一週間の七日という数字は、明らかに人

コラム

時間と永遠について

キリスト教は世界に新しい時間の概念をもたらした。これは歴史をキリストの誕生以前と以後に分けるという、世界史の考えのことだけをいっているのではない。キリスト教の時間の概念の基本は、「時間が直線的に進む」というところにある。始まりは神による創造、終わりはキリストの再臨で、そのとき時の流れは止揚され、地上の生活は天国の生活にとって代わられることになる。

「神の国は目に見える形では来ない。ここにあるとか、あそこにあるとかいえるものでもない。神の国は（すでに）あなたたちのあいだにあるのだ」

（「ルカによる福音書」17：20－21）

コラム

時《じ》課《か》

時《じ》課《か》［英 hours］とは、ローマ・カトリック教会などにおいて、定時に行なわれる教会共同体の祈りのこと。詩編の唱和を中心に、聖書の朗読や共同祈願、主の祈りなどによって構成されている。

かつては修道院ごとにさまざまな時課が存在したが、最近では大きく分けて、「朝の祈り」「昼の祈り」「晩の祈り」「寝る前の祈り」「読書（時間は不定）」の五つの時課がある。昼の祈りは細かくは「三時課」「六時課」「九時課」の三つに分かれるため、盛式では七つの時課が行なわれている。

ここで、現在のオーバーシェーネンフェルト大修道院の一日のスケジュールを見ておこう。六度の祈り（共唱《きょうしょう》祈祷《きとう》）を中心に、黙想、食事、労働など、すべての日課が定められた時をもっている。これを参考にすれば、あなた自身の毎日も、もっと意義あるものにできるかもしれない。

5:30　黙想のための個人の考察、あるいは個人の祈り。引きつづき食堂で早朝のコーヒー。
6:30　第一共唱祈祷：「朝の祈り」
7:00　聖餐式
7:45　第二共唱祈祷。続いて修道院食堂で朝食。「大沈黙の時間」の終了。修道院長が課題を割りふる。
8:30　庭仕事、パン工場、パン工房、本屋、パン売り場などでの労働。
12:00　第三共唱祈祷：「昼の祈り」
12:30　沈黙したまま、朗読を聞きながらの昼食。引きつづいて共同の墓参り。
13:15　自由時間。三〇分の個人的読書を含む。
14:30　労働時間。
17:15　礼拝堂における任意のロザリオの祈り。
17:30　第四共唱祈祷：「晩の祈り」
18:00　沈黙したまま、朗読を聞きながらの夕食。
18:30　第五共唱祈祷。
20:00　第六共唱祈祷：「寝る前の祈り」
20:30　「大沈黙の時間」の開始

間の暮らしに、一定のリズムをあたえている。

これまで歴史上何度も、このリズムを変えようとする試みが行なわれた。たとえばフランス革命時、ジャコバン党の人びとは時間の変更によって民衆にキリスト教信仰をやめさせようとした。またロシアの共産主義者は、新しく一週一〇日制を定め、経済生産性を高めようとした。だがそうした試みはすべて、遅かれ早かれ挫折していった。

「時間がわれわれに教えてくれることは、一日がもつ本当のリズムにしたがって、毎日を生きよという メッセージである」

と、ベネディクト会修道士のダーヴィット・シュタインドルーラストはのべている。つまり、「時間」という概念によって一日がいくつかのブロックに分けられると、それぞれの時間ごとに行なうべき内容が決まり、自然と生活のリズムが生まれるということだ。彼はそこに「修道院の使命の核心」さえ見ている。修道院ほど、「私たちが時間とどのように付き合うかが、いかに重要か」を感じさせてくれる場所はないのである。

外的秩序と内的秩序

オーバーシェーネンフェルト大修道院での見習い期間がちょうど過ぎようとするころ、シスター・アヌンツィアータは自分が新たな生活のリズムを受け入れ始めたことに気づいたという。それまで感じていた不自由さや、自分が何かにあやつられているような感覚の代わりに、安堵感に包まれることが多くなったのだと。その大きな理由は、『会則』が日々の生活に指針をもたらしてくれることがわかったからだという。それを具体的にいうと、次のようになる。

○なぜなら『会則』の存在は、日々の緊張を緩和してくれるから。過去に規則が決められたことについては、毎日新たに考え直す必要がない。そのため、自分の思考を本質的な問題に集中することができる。

○なぜなら日々の時間は、『会則』のような規則があると歩みやすくなるから。時間に置いていかれるのではなく、着実に時間と共に歩むことができる。

○なぜなら『会則』は、何が重要か自分で判断する能力を生みだすから。そこにはそれらの規則を一時的に破る可能性があることも含まれている。

最後の「規則を破る可能性」について、シスター・アヌンツィアータは、きわめて明快に説明してくれた。

「もし誰かの体調が悪くて、私がその人を助けることができるとしたら、それが沈黙すべき時間であっても、私はその人と話をしなければなりません。私は自分自身に対しても責任がありますが、同僚のシスターたちについても責任があるからです」

中庸《ちゅうよう》（節度）について

修道士たちの生活においては、バランスがとれていることがなによりも重視される。それは服装、労働、食事、睡眠など、生活のすべての側面について同じだ。キリスト教徒はこの世のなかで、正しく敬虔なだけでなく、「思慮深く」生きなければならない。そのために重要なのが「中庸《ちゅうよう》（節度）」という概念であり、それによって人間は自分のいるべきポジションに落ちつくことができる。それはちょうど、振り子の揺れがしだいに小さくなり、ついには真ん中で止まるようなものだといえる。

修道女たち

あわただしさに対する休息

「『会則』は、基本的に私たちのベーシックな欲求に配慮して定められている」と、アイルランドのベネディクト会士アンブローズ・ディンズリーは強調する。

たしかにそれは、非常にきびしい内容を含む一方で、修道士の生活のことをよく考えて定められている。たとえばオーバーシェーネンフェルトのシスターたちには、一日につき、一時間半の休みがあたえられている。そのうち三〇分は神を思うための時間であり、残りの純粋な休みの時間は決して長くない。だが、少なくともこの一時間半の休みは、毎日必ずあたえられるものなので、シスターたちはそれを当てにすることができる。だから彼女たちは一日の終わりになって、自分のための時間がまったくなかったと嘆《なげ》く心配がないのである。

さらにまた、彼女たちが気にする必要がないのは残業だ。その日の時間内にできなかった仕事は、次の日に引きつがれることになっているからだ。

しかし「本当に驚くべきことですが」と、ある老神父がおっしゃったことがある。「私たちは何度も仕事を中断します。祈りの時間などでね。でもそれにもかかわらず、結局はいつも、その日のうちに仕事を仕上げてしまうんですよ」

たとえやるべき仕事が多くても、一度『会則』を受け入れ、そこに身をゆだねてしまうと、精神面でのあわただしさは消え去っていくようだ。そこでは適度なテンポが、正しいリズムとして受け入れられているからである。たとえばシスター・ヒルデガルトはみずからの「正しいテンポ」でくり返し朗読することで、悠然と言語障害を克服したのだという。

たしかに彼女の次のような感想は当たっているのだろう。

「急ぐことで実際、どれほど私は時間を節約できているというのでしょう。たしかに急ぐと私は、何本か早い時間の列車に間にあうことができます。でもそのために汗びっしょりになってしまうでしょう。食べるものをとってくるとき、私はコンピュータを起動させる時間を使いますが、よく慌ててパンからきゅうりを落としてしまいます。また本を読んでいて素晴らしい言葉に出会ったとき、急いで走り書きのメモをとってしまうので、あとで読めなくなることがよくあります」

いまから約四〇〇年前、サレジオの聖フランシスコは、シスター・ヒルデガルトとほぼ同じことを、自然を例にとって説明している。

「平野をゆったりと流れる河は、たっぷり荷を乗せた大きな船を運ぶ。おだやかに畑に降る雨は、畑の土を豊かにする。それとは逆に、荒れ狂う激流は、土地に洪水を起こし、船の交通をさまたげる。同じく集中雨や豪雨も、野や畑を荒らす」

この言葉は、目に見える秩序にはすべて深い意味があり、それは必ず内的な秩序にいたるはずだという確信に裏づけられている。

緊張の緩和について

緊張をとりのぞくことは多くの場合、命に関わるほどの重要性をもっている。たとえば弓を強く引きすぎる者は、自然と自分も緊張してしまう。それをふせぐ方法は、まず手を弓から放すことだ。その覚悟のある人には、「手を放す」という言葉は突如、新しい響きをもって感じられることになる。というのもまさに、それこそが癒しのスタートとなるのだから。

手を放し、一度待ってみることが大切だ。ドイツ語で「手入れ（Wartung）」は「待つ（warten）」の派生語だが、待つことは、つまり自分自身を手入れすることでもある。修道士たちはそうしたとき、より上手に物事から「手を放す」ために、聖書の次の言葉をとなえる。

「父よ、（略）私の願いではなく、御心《みこころ》のままに行なってください」（「ルカによる福音書」22：42）

この言葉は、一見口に出すのにとても抵抗を感じる。こんなことをいってしまうと、自分の意志や自由が完全に奪われてしまうのではないかと心配になるからだ。ところが、この言葉は思い切ってとなえる者には、逆に大きな自由と安心をあたえる。不安や苦悩、そして頭からどうしても離れない多くの心配ごとからの自由と安心を。

中国の偉大な宗教思想である道教によれば、万物は「無為」から生まれるという。だがこれは、物事をあるがままほっておいて、まったく働きかけないということではない。私の理解では、「無為」とは余白を、隙間を探すことだ。これは修道院だけで通用する法則ではなく、日常生活で私たちが祈ったり、黙想したり、散歩したりするときにも起きている。ミサに出ているときや、天国のことを考えているときにも起きている。この無為、この空きは実際、何の役にもたたないように見える。そこには何の動きも生産性も価値の創造もないからだ。しかしそれにもかかわらず、まさにこの隙間の空間で、物事は新たに秩序づけられているのだ。

まったく突如として、あなただけのために定められた何かが目の前に浮かぶ。あるアイデア、あるいはある物事。あなたはパッとよい考えを思いつく。あるいは、ある問題をどう解決すればよいか、あなたの人生をどう進めていけばよいかの見通しが、急に頭のなかにひらめく。そのように、みずからの自我を捨て、物事から「手を放した」見かけ上の静止状態は、実は重大な実りのときなのである。それはいわば、天使がするりと入りこんでくる「時間の穴」だ。あるいは物事を結び合わせるのに絶対に必要な「ジャケットのボタン穴」なのである。

まさにそのために私たちが必要とするのは「静寂」と「無為」、そしてあまりにも住み慣れてしまった日常世界からの脱出だ。その静寂のなかで私たちは自分自身の声を、そして神の声を聞く。それは預言者エリヤが風のなかで聞いた、静寂のなかでのみ聞こえてくる「静かにささやく声」だ（「列王記上」19：12）。

その声を聞くために、人は必ずしも砂漠へ行く必要はない。そうではなく、あなたが細々とした日常の不愉快な事柄に辛抱強く耐えるとき、そうした声が聞こえることもあるのである。

4

沈黙について

●安らぎを得るための最初のステップ

「お前の独房に行って、そこにとどまれ。
そうすれば独房がお前にすべてを教えてくれる」
修道院の初期の時代からの勧め

第一段階：話さないこと

「完全な安らぎ（安息）は」

と、アンゼルム・グリューン（一九四五年生まれのベネディクト会士で作家）は書いている。

「私たちにはハードルが高すぎる。それは死においてのみ、可能なことなのだから」

実際、数日程度の沈黙でも、私たちは苦痛に感じる。私のある友人が、禅の僧院で一週間、我慢強く沈黙し修行に励んだことがあった。一日のなかで話すことが許されるのはたった一時間だけだったが、その貴重な安らぎのときに、彼はいつも怒って同じ言葉を口にしていたという。

「もう、こんなところから出ていきたいよ」

もっとも、それにもかかわらず彼は最後まで修行をつづけたのだが。

だが修道院のシスターたちは、かなりの我慢強さで沈黙に励んでいる。彼女たちは生活の大半を、外部の人が立ち入ることのできない場所（禁域《きんいき》）で過ごしているのだが、最後のお祈り（午後八時の第六共唱祈祷《きようしようきとう》）のあと、それぞれひとりで部屋（僧房）に行き、それからシスター・アヌンツィアータの表現によれば、「大沈黙の時間」が始まる（⇩65ページ）。

その沈黙の時間は翌日までつづく。だからシスターたちが朝出会ったとき、彼女たちはたがいに挨拶をしない。朝食後にようやくまた会話をするが、昼食時にはまた新たな沈黙の時間が始まっている。他のすべての食事時間も同じだ。回廊でもつねに沈黙が保たれている。

シスターたちは、一般社会から自分たちを隔離しやすくする方法を探す。たとえば修道会の衣装は自分自身や他の人びとに対し、「隠遁《いんとん》の意思」をあらわしている。またかつてトラピスト会（厳律シトー修道会）では、たがいの意思疎通を「信号言語」、つまり無言の身振りだけで行なっていた。またカルトゥジオ会士たちは共同体のなかでではあるが、ひとりで、小さく質素な僧房で生活していた。彼らはドアの横の跳ね戸から食事を渡してもらい、食べ、祈り、神を思う。そして沈黙していたのである。

聖ベネディクトゥスにとっても沈黙は、修道士たちが信仰の道を歩むうえでの基本的な条件だった。彼は『会則』のなかで、修道士たちにしゃべりすぎないよう、きつ

修道女の祈り

くいましめている。ときにはそれがいかに良い会話であっても、やめるべきだという。「沈黙がいかに重要であるかを考えれば、たとえ神聖で建設的な良い会話であっても、それが許されることは(略)めったにない。聖書にもこう書いてあるではないか。『口数が多ければ罪は避けえない』と。そして他のところにはこうある。『話すことと教えることは師に、沈黙と聞くことは弟子にふさわしい』」

だが沈黙は、決して罰としてあたえられる苦行ではない。それは信仰の可能性を切り開く創造的行為なのである。「沈黙」を「聞くこと」と並んで重視した聖ベネディクトゥスは、次のようにのべている。沈黙は、あなたが学び、みずからを成長させ、貴重な経験をするチャンスを切り開くものなのだと。

第二段階：沈黙はゆとりを作りだす

だが現実世界での「沈黙」について考えてみると、男性と女性では少しニュアンスがちがってくるかもしれない。おそらくシスターたちは話すのが好きでないから沈黙するのではなく、あまりに好きだから沈黙するのだろう。彼女たちも一般の女性たち

と同じく、おしゃべりで気晴らしをするのが大好きなのだ。シスター・アヌンツィアータは修道院でお祝いがある晩、聖人の祝日や、あるシスターの聖名祝日《せいめいしゅくじつ》（カトリックで洗礼名としてあたえられた名の聖人の祝日）のことなどを語る。そのときには食卓で話すことが許され、通常のルールとは逆に、夜もほかのシスターたちと一緒に過ごせることになっている。

シスター・アヌンツィアータは、

「そういうときは、まるで自分がニワトリの群れのなかにいるように感じますよ」

と笑う。

しかし同時に彼女は、修道院が訪問客で一杯になる午前中のことも語ってくれた。そういうときには彼女は、あらゆる通常の業務と並行して、客への挨拶やスープ作り、ベッドメーキングなどをしながら、文字どおり絶えず誰かと事務的な会話をしていなければならない。そして正午になってこう思い、驚くことがあるという。

「今日はまだぜんぜん、神様のことを考えていないじゃないの！」

もともとおしゃべりが好きなシスターたちも、沈黙がもつ重要性についてはよく理解している。というのも彼女たちは、沈黙が、それまで会話によって占められていた「場」を空けるということ、そして沈黙することによって生まれたその新たな「場」が、安らぎ（安息）にいたるためにどうしても必要であるということを、体験として知っているからである。

なぜ、安らぎにいたるために沈黙が必要なのか。それは、

○話す人は騒がしい。だが沈黙する人は、自分も他人もわずらわせない。

○話す人は対話のなかにいる。つまり他者の生と直面させられている。そこには重要なこともあるが、重要でないこともある。話す人は注意を外に向けているが、沈黙する人はそれを内に向けている。

○話す人は俗世の、自分が暮らす共同体の一部である。一方、沈黙する人は共同の営みから心を離し、世俗に距離を置いている。その人は、「神が定めた時間」に日常の行ないを中断して、信仰に関わる「何か《サムシング》」を気にかけることができる。

沈黙はいわば、私たちが自分のために作る「砂漠」だといえる。その大きく広い空

間のなかで、私たちは安らぎ、緊張をゆるめることができる。沈黙とは、暇をもてあましたときに楽しむ贅沢ではなく、節度と中庸という原則にしたがったバランスのとれた生活にとって、必要不可欠な行為なのである。

第三段階：耳と眼を目覚めさせる

想像してみよう。まずあなたは話すことを止める。すると、すぐにほかの感覚器官が活発に動きだすことがわかるはずだ。音、光、におい、空気の感触。いままで感じなかった外部からの情報をあなたは感知する。つづいて、自分自身の内なる声を聞く努力が始まる。交通量の多い道路のそばで鳴く虫の声は、誰にも聞こえない。同じように、私たちがつねに他の人とおしゃべりし、自分の外側にある物事と向きあってばかりいると、自己を正しく知ることはできない。

アッシジの聖フランチェスコも、自分の進むべき道について結論を得るために、沈黙し内なる声に耳をすませる長い長い時間が必要だった。なんと七年ものあいだ、彼は「いったい私は何がしたいのか、そして神は私に何を望んでおられるのか」と自問しつづけた。そしてついに、ある荒れはてた教会のなかで祈りに集中していたとき、神の声を聞いたのだった。

「フランチェスコ、私の家（教会）がどれほど荒れはてているか見えないのか？ 行って家を再建しなさい」

その瞬間、この聖人は自分が何をなすべきかを、完全に悟ったのだった。

聖書の「知恵の書」では、こうした体験を次のように表現している。

「沈黙の静けさがすべてをつつみ、夜がすみやかな歩みで半ばに達したとき、全能の言葉が天の王座から降りてくる」と。

第四段階：神秘との接触を受け入れる

「観想《かんそう》」は、「瞑想」のなかでも上位の段階に位置している。「黙想」が概念や思考力をもちいるのに対して、「観想」とは「静かな気づき（または知覚）」であり、意味としては「直観」に近い。それは神の存在や真理を、概念を通さず、受身のまま「見るように認識する」ことである。

たとえば私がある国をはじめて訪れたとしよう。私はすべてが物珍しく見える旅人の眼で、周囲の世界を見わたすはずだ。それと同じように私は、好奇心にあふれた眼でみずからの内面を見わたすこともできる。そこにはそもそも何があり、誰がいるのか。そしてさらに私はそこに、神の姿も見る。アウグスティヌスが、沈黙の意義は、私たちが欲望を追いかける代わりに憧れ（神への憧れ）に近づくところにあるのだというとき、彼はちょうど同じことを語っているのだ。ベネディクト会士のアンセルム・グリューンは、これを次のように説明している。

「私が自分のなかにある神への憧れを、自分の生に直結した本物の疼《うず》きとして感じるとき、すべては相対化される。私が現実的な成果をあげるかどうかは、もはや決定的な意味をもたない」

これは私たちにとっては、日常で気づくことのできない神秘である。限りなく多くの情報が、ものすごく速いテンポで押し寄せてくる日常のなかで、私たちは少しずつ本質的な問題——あの神秘に満ちた生の根源——から遠ざかってしまう。だが沈黙は、その問題との結びつきを再びもたらす可能性を開いてくれる。それによって私たちは、深い安らぎを得ることができるのである。

一五世紀のアウグスティノ修道会士で、有名な『キリストにならいて』の著者であるトマス・ア・ケンピスは、「広場で奇跡を行なって自分の救いをないがしろにするより、部屋のなかに隠れて自分の救いの心配をする」ほうがよいとのべている。というのも、そういう人にこそ「神と聖なる天使は近づく」からである。

やっかいな問題：悪霊たちの訪れ

沈黙は、それを軽い訓練として行なう場合と、真剣に試みる場合とでは、まったく異質なものとなる。後者の場合、最初に生じる苦痛は「退屈」だが、これはまだ一番害のないものだ。というのは多くの場合、沈黙の修行を始めてすぐか、もしくは次の段階で、私たちの長く放置されていた内面が荒れ狂い、暴走し始めることはほぼ確実だからである。聖アントニウスのように、まぎれもない悪霊が眼前にあらわれることもあるかもしれない。それに対して戦うためには、多くのエネルギーを必要とする。

この問題に関して、シスター・アヌンツィアータはいう。たしかに沈黙しているときによく、数えきれないほど色々なことが頭をよぎることがあるが、そのときそれを追い払おうとしても、しょせん無理なのだと。しかしときには、沈黙こそが自分の身に起きたもっとも美しい出来事であるといえるような日も、また存在するのだと。

「自分の頭を使うのではなく、物事をあるがままにしておくことができた日にはね」

正しく話すこと

だがもちろん、沈黙に加えて「正しく話す」ことも重要である。アッシジの聖フランチェスコは、布教におもむく彼の兄弟たちに忠告した。

「あなた方は世界をめぐるとき、喧嘩をすべきではない。だれにでも礼儀正しく話し、柔和で、温和、そしてつつましく、柔軟で、謙虚でありなさい」

必要な場合には、修道士は発言する義務もある。聖ベネディクトゥスは各修道院の院長に対し、大事な決定の前には兄弟たちと協議することを勧めている。「心の揺れている兄弟」には、みなが話しかけ、深い悲しみに沈まないよう、なぐさめるべきであると。

「他の人にあげるものがない者は、その人に少なくとも良き言葉をかけてやりなさい」

そして聖ベネディクトゥスは、聖書をさしていう。
「良き言葉は最高の贈り物に勝るのです」

Practice ①

沈黙する

時間を計って、沈黙してみましょう。まず、携帯電話でも連絡がとれない場所を探すこと。そこで次のことを試してみましょう。

○話さないで沈黙をまもること
○自分と神のための場を作ること
○その場で休息すること
○自分の内面を聞き、見ること
○聖なるものとの接触を受け入れること

その際、不満や怒りや退屈の感情が起きることを覚悟しておきなさい。それらはすべて、あなたを内的な安らぎから遠ざけようとする悪霊なのだから。

5

静寂について

●安らぎを得るために、
なぜ静かな決まった場所が必要なのか

「私は世俗に迷いこみ、愚かになりました。そのころうしろからあなたの御声《みこえ》が聞こえましたが、平安をもたぬ輩《やから》のたてる騒音のために、お言葉がよくわかりませんでした」

アウグスティヌス

シトー会の教え

シトー会の礎《いしずえ》を築いた聖ベルナルドゥスは、聖人の彫像を飾ったり、回廊に豪華な装飾をほどこすようになっていた一二世紀の既存の修道院を、痛烈に批判した。彼はのべている。そのような華美に走った修道院のなかには、「さまざまな種類の像がいたるところにあるため、修道士は神の掟《おきて》を黙想するよりも、一日中それらを鑑賞していたくなるだろう」と。

ベルナルドゥスの理想にしたがえば、修道士にふさわしいのは飾りのない部屋だという。一一三四年のシトー会総会での「建築および美術規則」には、こう書かれている。「私たちは、私たちの教会あるいは修道院のいずれかの部屋に、像や彫刻があることを禁ずる。注意力がそのようなものの方に（略）向けられてしまい、それによって良き黙想の妨げになるからである」

だがオーバーシェーネンフェルトの教会を見ると、この教会もバロック様式で華麗に装飾されている。金箔《きんぱく》も惜しまず使われており、聖人像や天使、イエスを描いたきらびやかな画像も飾られている。すべての建物が、豪華な芸術作品で満たされているのである。そこで私がシスター・アヌンツィアータに、この教会がどうしてみなさんの修道会にふさわしいのですか、だってシトー会は質素をむねとするんでしょうとたずねたとき（もちろん礼儀正しく）、彼女はいつものように率直に答えてくれた。

「たしかに私がはじめてここに来たとき、この教会には衝撃を受けました。ここの装飾はすべて息苦しくなるほどで、聖ベルナルドゥスが求めたものは、ここにはほとんど見あたりませんでした」

よく考えられた「家」

このバロック様式の現在の教会は、戦後、破壊されたあと新たに建設されたものだ。だがシスター・アヌンツィアータやほかのシスターたちは、基本的にそれを受け入れ、いまでは好きにさえなっている。豪華な内部装飾とは逆に、修道院の外観は本当に安らかで、赤い屋根のあるどっしりとした建造物が落ち着いたたたずまいを見せている。黄土色《おうどいろ》と白の正面（ファサード）は、この建物に慎しみと親しみやすさをあたえている。それから訪問者が修道院に入るのに通るちっぽけな門。修道会は外部との接触をできるかぎり制限しているが、訪問を許された客は当然親切にもてなすわけで、この門はそのような二面性の象徴となっている。

すべては綿密に考えぬかれたうえで設計されている。大きなことであれ小さなことであれ、この建物の機能の上に、修道士たちのきびしい日常がはじめて可能となっているからだ。

『会則』はシスターたちに対し、目的もなくただ散歩するような時間はほとんど認めていない。もしたまにそうしたことをする場合でも、彼女たちはたいてい、外部の人間が入ることのできない区域（禁域《きんいき》）から外に出ることはない。そのためここを客として訪れた人間には、長くて明るい廊下のあるこの修道院が、ほとんど自分だけのために用意された場所であるかのように感じられる。

誰も走らず、誰も大声を出さない。ＣＭを流すラジオもない。コンピュータが音を立てることもない。すべてはあるべき場所に収まっている。本は本棚に、花は窓のそばに。何より重要なのは、ここには「多すぎる」ということが、決してないということだ。

シスター・アヌンツィアータは自分たちの修道院のことをこういっている。

「場所が役割をはたす。そこでは人間はもう、何もする必要はないのです」

そうした雰囲気が魂にとって、実感できるほど心地よいのですと彼女はいう。というのはシスターたちの一日がきちんと区切られ、行なうべきことが定められているようでに、彼女たちの住む家（空間）もきちんと区切られ、役割が定められているからである。それは天地創造のときからすでに決められた原則なのだ。

神は世界に秩序をおあたえになった。昼を夜から、陸を海から分けられた。それも偶然の結果としてではなく、意味をもったシステムとして。

「神はいわれた。『天の下の水はひとつ所に集まれ。乾いた所があらわれよ』」

そして、

「神は乾いた所を地と呼び、水の集まった所を海と呼ばれた。神はこれを見て、良しとされた」（「創世記」1：9－10）

のである。

聖ベネディクトゥスが「みずからの家」を建てた方法

何世紀ものあいだヨーロッパのキリスト教社会は「修道院のもつ力から、決定的な影響を受けてきた」と、作家のヴォルフガング・ウルバーンはいう。「修道院は、静かであっても力強い、まさに社会の中心だったのです」

聖ベネディクトゥスは修道院の機能がどのようなものであるべきかを『会則』のなかで細かく定めている。そこで重視されているのが、外の世界や娯楽からの隔離だ。「もし可能なら、すべての必要なもの、すなわち水や粉引き小屋、菜園などが修道院のなかにあるように、また様々な種類の手仕事が内部でできるように、修道院は建てられるべきである」

そうすれば修道士たちは修道院の外へ出る必要がなくなる。それは彼らの魂にとってとても良いことだというのである。

修道院のなかでは、いかなる行為も、それを行なうべき場所が定められている。それは祈りにはじまり、読書や食事、夜の睡眠など、あらゆる分野におよぶ。病人用の部屋、客用の部屋もきちんと決められている。また重視されたのは、修道士たちが仕事から祈りに、祈りから食事に、すばやく移行できることだった。長い移動に費やす無駄な時間は彼らにはなかったし、そうした移動の道のりは精神の集中を必要とする彼らの生活にとって、大きな弊害となったことだろう。こうして設計の段階から、さまざまな要請が盛りこまれていき、修道院の外観は共同体の価値観を反映するようになっていった。それはそもそも個々の建物の大きさに、よくあらわれている。

「神の家であり、福音が読みあげられる場所でもある聖堂は、修道院の建物のなかでもっとも大きく、もっとも豪華で、支配的とさえいえる建物でなければならない」

と、ヴォルフガング・ブラウンフェルスは『西欧の修道院芸術』のなかで書いている。オーバーシェーネンフェルトでもそうだが、ほかの修道院でもたいていの聖堂は東向きに建てられており、修道士やシスターたちは、昇る太陽と共に、つまりイエスの象徴である光と共に、祈りをささげるのである。

一一世紀になって、聖堂に次いで二番目にランクされるようになった建物は、ヴォルフガング・ブラウンフェルスによれば、集会室（会議室）だった。これはベネディクトゥスの時代にはまだ想定されていなかったが、その後、修道士たちが毎日熱心に聖書や『会則』を読み、深く理解することが求められたことから生まれたものだった。

だから集会室では、日々『会則』の章が朗読されたのである。

そして三番目にランクされるようになったのは、身体だけでなく精神的な栄養を得る場でもある食堂だった。さらにはほかのすべての場所も、回廊だろうが寝室だろうが、壁にかけてある絵などすべてが、信仰の助けになるよう整えられたのである。

中世にはそこから最終的に、ザンクト・ガレン修道院の図書館に残された「理想都市としての修道院の平面図」（次ページ）を頂点とする、修道院独自の建築様式が発達した。この平面図はおそらく、ハイト・フォン・ライヒェナウ修道院長によって設計されたものと思われるが、そこにはどの行為がどの場所で行なわれなければならないかが詳細に定められている。

祈りだけではなく、労働することも求められた修道士たちは、結局さまざまな社会的活動を行なうようになっていった。学校を経営し、客を接待し、ワインやビールを醸造するようになったのである。そうすると、修道院のなかにそうした活動のための場所も必要になってくる。もっとも、そのような俗世との関わりをもつ場所は、すべて修道院の外縁に置かれた。というのは、いかに社会的必要性があっても、修道院の中心部分にはつねに「静寂」を保障しなければならなかったからである。

理想都市としての修道院の平面図（ザンクト・ガレン修道院図書館蔵）

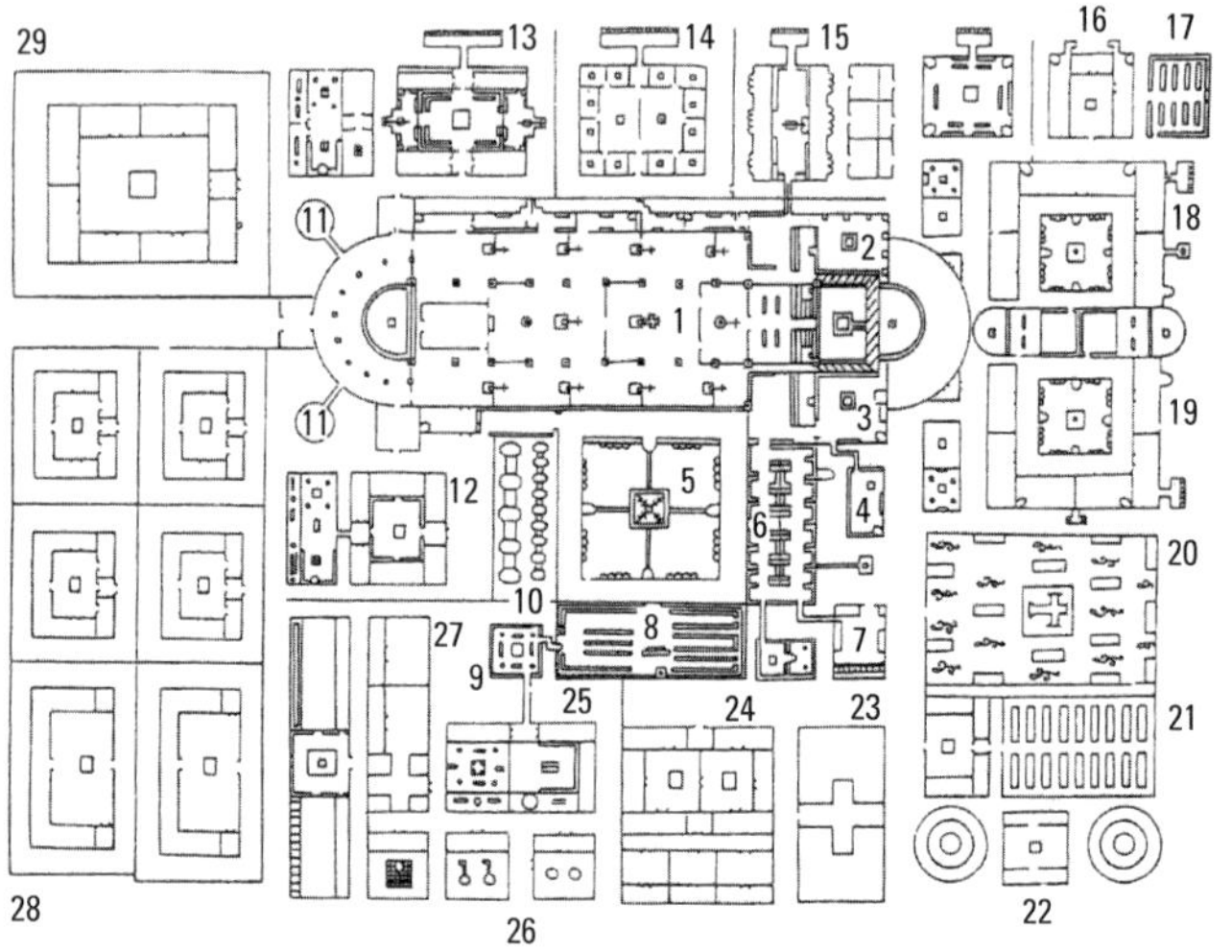

1　聖堂
2　写本制作室（1階）・図書室（2階）
3　聖具堂
4　聖体・聖香油保存室
5　回廊
6　集会室
7　便所・浴室
8　食堂（1階）・衣服室（2階）
9　厨房
10　酒庫（1階）・食料庫（2階）
11　塔
12　巡礼者宿泊所
13　外来者宿泊所
14　院外者の学校
15　修道院長の住居
16　医師の住居
17　薬草園
18　施療院
19　修練院
20　墓地・果樹園
21　菜園
22　家禽番人小屋
23　穀物庫
24　手工業所
25　醸造・パン焼き所
26　脱穀・粉挽き所
27　製樽所・穀物庫
28　家畜小屋
29　農場使用人住居

朝倉文市著『修道院　禁欲と観想の中世』（講談社現代新書）より

さらに修道院には、「静寂を保障する」だけでなく、静寂そのものを目的として作られた場所もあり、そこで修道士たちはたんに休養するだけでなく、自己の存在と宇宙とのつながりを実感することができる。たとえば小礼拝堂などである。廊下のベンチや庭の東屋《あずまや》もそうだ。水は噴水という形で、樹木は入念に造られた庭園という形で、修道院内にとりこまれた。

中心としての回廊

しかし修道院における「静寂」の象徴は、なんといっても回廊にある。綿密に設計されたその空間のなかで、修道士たちのなかの、普段は閉ざされた感覚が開花していくのである。

回廊は理想としては、中庭をかこむアーケードとして設置された、正方形の廊下からなっている。それは通常、四本の廊下からできていて、手入れされた中庭に向かって開かれている。廊下は行列をする祭儀で使われるほか、修道士たちの黙想と息ぬきのための場であり、そこにつながる小さな中庭は、地上における天国、つまり至福のイメージを描いたものである。

修道院のなかの居住者用の部屋（僧房）も、かつてはすべて回廊から入ることができた。しかもたいてい回廊からだけ、ひとつのドアを通ってしか入れなかった。一方、個々の部屋のあいだにドアはなく、その結果、修道士たちの動線は決まった方向に定められた。いわば建物の構造自体が『会則』となったのである。ある古い修道院の規則には、こう書かれている。

「大きな叫び声、ドアをたたく音、大きな足音などのような、平和、安息、精神集中を妨げかねないすべてのものを避けねばならない」

「とくに静寂の場、とりわけ教会、回廊、写字室では、沈黙を破ることを避けねばならない」

修道士たちにとって、回廊を歩くことは神に近づく手段でもある。無限にくりかえすアーチのもとを絶え間なく歩みつづけることで、また廊下にさしこむ光と、柱やアーチによって生まれる暗闇を交互に目にすることで、彼らは一種の瞑想状態に入り、聖なる存在との対話を行なう準備を整えるのである。

回廊は修道院における「静寂」の象徴である

シトー会士の質素

一一世紀にシトー会士たちが既存の修道院から、さらに厳格な清貧を求めて分離した一番の理由は、もはや既存の修道院では聖ベネディクトゥスの『会則』が守られていないということだった。

新たな道を歩もうとするシトー会の独自性は、彼らが修道院を立てる場所にもあらわれていた。当時、一般的な修道院はイエスの言葉に忠実に、天に近く、目に見えて高い、山の上に建てられていた。聖書のなかに「あなた方は世の光である。山の上にある町は、隠れることができない」と書かれていたからである。

だがシトー会士たちは逆に、目に見えない奥地に隠れた。これもまたイエスの生き方、つまり「隠遁《いんとん》し、ただ神だけを探し求める道」にならった生き方だといえる。そしてシトー会士たちは修道院のすべてを、人里離れた谷間の川辺に建てた。さらにすべての建物に対して、同じ平面図と同じ内装が指示されていた。教会は塔なしで建てられ、装飾のある窓などもきびしく禁止されていた。

「絵画の描かれたガラス窓は、二年以内にとりかえられなければならない。さもなければ修道院長、分院長、ワイン管理主任は、そのときから窓がとりかえられるまで、六日に一度、水とパンのみで断食せねばならない」

と、一一三四年の文書に書かれている。十字架も木製のものしか許されず、壁に漆《しっ》喰《くい》を塗ることもできなかった。

「私たちはシトー会士が、染めもさらしもしていない白と灰色の毛織と亜麻布の修道服を着て、明るい灰色の石塀の前を通るのを見かける」

と、ヴォルフガング・ブラウンフェルスは書いている。だが皮肉にも、まさにシトー会士のこうした最良の特性が、理想の凋落をまねくことになったのである。ブラウンフェルスはそのことについて、

「労働が命じられたことに結びついて勤勉が命じられ、それが必然的に豊かさをまねいた。その豊かさにともなって世俗的な義務が増した」

とのべている。

修道服やヴェールをつけた彼らの外見だけでなく、修道士たちの建物も、どの部屋もどの細部も、理想の実現のためにある。修道士たちは、深い安らぎは静かな場所で

Practice ②

静寂の場を探す

日に一度、心の安らぎを体験してみましょう。あなたの仕事を中断するか、いつもより早く退社してみてください。

○帰り道で散歩をしてみましょう。

○静かな場所を探してみましょう。それはどこにでも見いだせるはずです。静かな場所は、なにも修道院のなかだけにあるのではありません。

○それは古い墓地かもしれません。オーバーシェーネンフェルトのシスターたちは、毎日お昼に、亡くなったシスターたちの墓地へ行きます。そこで彼女たちは安らぎだけでなく、死とも出会い、同時にふたたび生とも出会うのです。

○または川辺にすわり、水の動きをながめ、さらさらと流れる音が、子どもたちの声や犬の鳴き声をかき消されていくのを聞きましょう。そのとき、すでにあなたは黙想のなかにいるはずです。

○静かな場所を日常の周辺に探す人に、オーバーシェーネンフェルトのシスターたちは、決まった場所と時間を決めることを勧めています。どこでいつ祈ろうかと、毎日考えなければならないと、それだけでスムーズに精神を集中できなくなるからです。ですから、あなたの家に自分専用の祈りのコーナーを作りましょう。十字架をひとつ置いたり、亡くなった家族の写真をおくだけでもよいのです。そこが、あなたが聖なる存在とふれあう場所となるでしょう。

しか見いだせないということがよくわかっている。外的な静けさが保障されているときだけ、人間は意識を集中し、心をリラックスさせて自分自身の内面に向かい、聖なる存在を探すことができるからだ。

そのような安らぎの場は、結局のところヨハネが「黙示録」（聖書の最後の書）で次のように予言した、「永遠の町」の地上での先触れなのだろう。

「この天使が、『霊』に満たされた私を大きな高い山につれて行き、聖なる都《みやこ》エルサレムが神のもとを離れて、天から下ってくるのを見せた。都は神の栄光に輝いていた。その輝きは、最高の宝石のようであり、透き通った碧玉《へきぎょく》のようであった。（略）この都には、それを照らす太陽も月も、必要でない。神の栄光が都を照らしている（略）からである。」（「黙示録」21：10・11・23）

6

聞くことについて

●なぜ、正しい「謙虚」と「従順」が必要なのか

「賢者は言葉《ことば》数《かず》の少なさでわかる」

ベネディクト会『会則』

まちがった謙虚さは、まちがった結果を生む

シスター・アヌンツィアータは、その見習い期間を終えて三つの誓願《せいがん》（修道女になるにあたって立てる「貞潔」「清貧」「従順」という三つの誓い）を行なったとき、二八歳だった。ということは、ちょうど他の女性たちがはじめて子供を産むころ、彼女はまず非婚（「貞潔」）を誓ったわけである。

そして外の世界で若者たちが、家を購入するための積立て貯蓄を行なっていたころ、彼女は自分の私有財産をすべて他人にあげてしまった（「清貧」）。

さらに外の世界で彼女と同年輩の女性たちが、両親やさまざまな社会的権威から解放されるための努力をつづけていたころ、彼女はみずからの自我を捨て、先輩のシスターの指導に身をゆだねることを誓った（「従順」）。これらはいずれもかなり過激な行動だが、その基本的態度はみな同じだといえる。つまり「謙虚（謙遜）」である。

だが現在、「謙虚」や「従順」という言葉から、私たちは何もよいことをイメージしない。この言葉から思い浮かべるのは、不安で弱々しい人間の姿だ。意志のない、卑屈な人間。いわば人形使いにあやつられる、糸のついた人形だ。そしてそのような

消極的な態度が、これまで権力者から社会的抑圧のために利用されてきたことは広く知られている。

フランスのトラピスト会の修道院長であるアンドレ・ルーフは、修道院における「ノイローゼ的な謙虚さ」について語っている。ここでルーフは、「完璧な修道士」という理想を演じるために熱心に修道院の規則にしたがう、架空の修道士を例にあげている。彼はきわめて熱心に努力しているものの、自分の理想とするイメージが高すぎるため、いつもストレスに悩まされている。これでは心の安らぎなど、とても得ることができない。

だからこの修道士は、ほぼまちがいなく、いつか自己否定することになる。それはこの種の「謙虚さ」が、実は大きな抑圧をまねきよせているからである。やがてこの男は反旗をひるがえし、怒りはじめ、その後は権威をはげしく拒絶するようになるだろう。彼の魂はそのため、つねに戦いのなかにいる。これはもちろん、魂の平安とはいえない。

「それは彼が俗世で感じていた不安と、同じ不安なのです」

と、アンドレ・ルーフはいう。

「修道院に入り、神の規則にしたがうようになったあとも、彼はあい変わらず無意識の裁判所に隷属しているのです。そしてすべての義務を投げ捨ててしまい、絶対的な自由を、完全な意味での束縛のなさを、求めるようになってしまっているのです」

ルーフにいわせれば、これはまさに私たちが今日置かれている状態でもあるという。「明らかに私たちは、自分たちのノイローゼ的な謙虚さを、非常に有害なものだと感じています。そこでいまは、どんな形の謙虚さであれ、受け入れることができないのです」

過去一〇年間におけるキリスト教からの無数の離脱者を、この修道士の人物像に当てはめることもできる。人間は押しつけられた、無意味としか感じられない従属関係に出会うと、激しく反発する。離脱者たちはそうした価値をもはや認めていないのだろう。そしてそれは無理もないと思う教会関係者も少なくないのである。

なぜ本当の謙虚さは、安らぎと自分自身を見いだすのに役だつのか

だがシスター・アヌンツィアータが神に祈るとき、彼女の心は迷いなく神に向けら

れている。そうした謙虚さとは、彼女にとっていったい何を意味しているのか。

「それは私自身の限界を知るということです。私自身の弱点を受け入れ、引き受けるということです。そのとき大事なのは、私が自分自身の味方であるということなのです」

と、彼女は説明する。自分の欠点を正面から受け入れることができれば、自分を非難することなくそうした欠点を克服しようとすることができる。その場合、自分に対して寛容でいることもできるし、それによって心の安らぎを見いだすこともできるのだという。

シスター・アヌンツィアータは、自分の地上での役割を過大視しないことと、それとは逆に、自分自身の進歩に関してはきわめてきびしい眼で見るという、ふたつのことを学んだ。これは心の安らぎへの、もっといえば良き人生への、唯一の道なのかもしれない。

「あなたが自分自身のもとに住めなければ、いったいどこに住めばいいのか。世界中を走りまわっても、あなた自身の救いをないがしろにしたなら、そうして急がしく走りまわったことはすべて、いったい何の役にたつというのか」

と、トマス・ア・ケンピスはたずねる。さらに彼は、こうつづけている。

「あなたが平安を求め、本当に自分や神とひとつになろうと思うなら、他のすべてのことは放っておいて、ただ自分だけを目に留《とど》めておかなければならない」

これは何も自己中心的な行ないをせよといっているのではなく、自分自身の道を探せという意味である。

さらにトマス・ア・ケンピスは、次のようにのべている。

「あなたに謙虚さがなければ、たとえば三位一体について高い学識を駆使して論争できることが、いったい何の意味をもつのか?」

そのような謙虚さは、自分を見せることを必要としない。

「本当の謙虚は、謙虚に見せようとはしない」

と、サレジオの聖フランシスコは書いている。私たちは何度もこの点に立ち返ることになるだろう。安らぎを求める者は、あくまで自分自身の道を歩めばよいのであって、他人がそのことをどう思うかを気にする必要はない。それだけでなく、自分自身に対して見栄をはる必要もまったくない。謙虚であることは、人間に次のことを教えるため、内的な安らぎに通じるのである。

○自分自身の弱さを受け入れること

自分に弱点があると自覚したとき、誰でもそのことに不満を感じる。しかし自分の弱さを真正面から受け入れることができれば、まったく平静に自分の弱点の克服にとりくむことができる。

○現実的に人生を歩むこと

自分の可能性に限界があること、全世界を救うことなどできないことを認識する。だがそのなかで、自分の力に応じた貢献をすればいいと考えるなら、前に向かって進むことがとても簡単になる。

○自分自身を見きわめること

全人格をもって自分をしっかり見きわめたときにだけ、人は安らぎにいたることができる。逆にただ外面しか見ず、自分を別の人間になるように仕向けるなら、自分に合った道を見つけることはできない。

○真実を経験すること

修道士たちがいうには、もしも自分が本当にうまく自分自身の道を歩むことができたなら、そこで「聖なる存在」に触れることになるだろう。

謙虚であることは心の安らぎへの唯一の道である

それは必ず痛みをともなう

謙虚と従順はどんな人間にとっても難しく、つねに苦痛をともなうことを、ベネディクトゥスはよくわかっていた。そこで『会則』において彼は、修道士に対して「謙虚の一二段の階段」を登ることを求めている。この階段は、いわば天上と地上のあいだを結ぶはしごである。人間はこのはしごを、謙虚さによって昇り、高慢によって降りる。だから私たちが心を謙虚にたもつなら、神はこのはしごによって私たちを天国にみちびいてくださるのだという。

ここで何より大切なのは、一段一段、「自分の意思を愛さず」、「みずからの欲望を満たそうとせず」、謙虚さをもってそのはしごを昇ることである。それも「困難で不利な状況や、さまざまな不正な扱いに会っても、心静かに耐え、落ちこまず、逃げださず、耐えなければならない」。聖書はいっているではないか。「最後まで耐え忍ぶ者は救われる」と。「心を強くして主を待ち望め」と。

さらには修道士は、自分にどのような仕事があたえられても、従順にそれを行なわなくてはならない。そして口先だけでなく、心から自分を「誰よりも劣った価値のない存在」と思わなければならない。

　こうした『会則』の言葉は、私たちには非常に違和感があり、まったく時代遅れのように感じられる。かわりに今日、もっとも高い価値をもつと考えられているのが、自己実現である。「本来あるべき自分」を探し求めることこそ善であり、自分を奉仕のために犠牲にするとか、他者からの不満を引き受けるとか、苦しみや苦痛に身をささげるなどといったことは、否定的にとらえられている。

　だがそれは苦しみの根本的な意味を誤解しているだけなのだ。もしあなたが苦しみを避けてしまうなら、自分が成長するための貴重な機会を失うことになる。そうした葛藤と忍耐は、物事を成熟させ、強くするために絶対に必要な過程だからだ。苦しみの段階を経験しない進歩など、決して存在しないことはあきらかである。

　苦しみは、物事の裏側に何があるか、何が本当に起こっているかを認識するのに不可欠だ。苦しみのない愛はない。それどころかブッダは、「生はすなわち苦しみである」とまでのべている。ヨガにおいては、苦痛はまず硬くなった肉体をストレッチすることで認識される。しかしもっと深い境地では、苦しみとは何度も自分の限界を超えて、本質的なものへと突き進む行為以外の何物でもない。それはあなたが目的に到達するまでつづくのだ。「最後まで耐え忍ぶ者は救われる」とイエスがいわれたように。

7

日々の暮らしについて

●安らぎを日常にとり入れる方法

「すべきことを急いでしようとするな、さもなければ 心の眼が曇り、みずから道の妨げとなる」

聖フランシスコ・サレジオ

修道院の「理想の一日」とは

シスター・アヌンツィアータは長らく修道院で暮らしたいまになっても、どこか落ち着きがなく、自分の内面に安らうというにはほど遠いという日が、ときどきあると教えてくれた。さらに、私のような体験入院者が電話で申しこんできたときに、憧れに満ちた声で「二、三日、静かな時間を修道院で過ごしたいんですが」といわれると、こういい返したくなるのだという。

「ええ、私だって本当はもう一度、そうしたいところなんですよ！」

それでは逆に、絵に描いたような理想の一日とは、いったいどんな一日なのですか、と私は聞いてみた。たとえば誰も電話をかけてこず、騒がしさもない、誰もシスターの仕事の邪魔をしない、いつでも沈黙し、祈りに専念し、安らぎを感じる時間があるといったような一日ですか、と。

だが、シスター・アヌンツィアータは、激しく頭を横に振る。

「いいえ、いいえ。そんな絵に描いたような日が、理想の日とはかぎりません。そうした日が、実は嵐のような日であることもあるでしょう。それとは逆に、電話が何度も鳴り、一番会いたくない人と交渉しなくてはならない。しかし、それにもかかわらず、うまく一日を通じて安らぎを得、さらに神に向かい、神を心から見失わないことができたとしたら、その一日こそは、私が理想とする一日なのでしょう」

聖ベネディクトゥスが、「祈りが一日を定めるべし」というとき、それは何もかもを放りっぱなしにして、朝から晩まで祈れといっているのではない。ベネディクト会の定義にしたがえば、結局どんな行為であれ、その行為自体を、祈りのように行なうことができる。そのためシスターたちは、現実の生活がどんな姿をとろうとも、恐れず、あるがままに任せようとする。そのとき重要なのは、自分を見失わずに、それを丁重に、注意深くあつかうことだという。そのときに役だつものこそ、修道院生活を細かく定めた『会則』である。その基本は、「定住」、「単純さ」、そして「回心」からなっている。

1. 定住——自分自身の立ち位置を見つける

安らぎを日常にとり入れるとは、自分自身に忠実な生活を送るということだ。この問題に関連して聖ベネディクトゥスは、修道士に対し重要な義務を定めている。それは「定住」である。表面的にはこれは生涯決まった修道院に留《とど》まることを意味している。だが同時にこの定住という概念は、自分自身とその行動に対して確固たる責任をもつことも意味している。

一方、自分自身を一定の場所につなぎとめることは、ときにはそれだけでもう内的な安らぎを得るための決定的要因となる。というのは多くの不安が、定住によって、はじめから生じなくなるからだ。そうした不安とは、たとえば次のようなことをさす。

○ひとつの場所から次の場所へ永遠にさまよい歩くこと。考えを次々と際限なく変えていくこと。流行を追いかけまわすこと。

○日々の不満。もしかして私は田舎に引っ越したいんじゃないかしら？　それとも私って都会向きの人間なの？　この仕事につくが正しいの？　それともあれ？

○どうせ変えることができないのだから、そのまま放っておいてもよい事柄を、絶えずむしかえして考えてしまうこと。

修道院長のアンチラ・ベッティングは、「たしかな足場をもち、自分が何であり、誰であるか知っていること」は、人間がアイデンティティを見いだすのに不可欠であるという。

「定住は」

と、ベッティングはつづける。

「ひとつの挑戦なのです。というのも、そのため誰もが自分自身と格闘せざるをえず、自分の居場所があるかどうかを問うことになるからです」

そして話はつづく。

「しかし自分自身に責任をもつことは、つねに変わらぬようになることではじめて可能になります。いつも変わらぬようになることで、誰でもありのままの自分でいられるのです」

さらにこの修道院長はつづける。

「最上で、もっとも内的なことは、自由に何の強制もなく育《はぐく》まれ、実をつける場合にしか開花しません」

シスター・アヌンツィアータは、定住した修道院がまったく自分にあっていない場合、それはとりわけ大きな挑戦になると強調する。新たに何か悟るわけでも、祈りや黙想で感動的な体験があるわけでもない。そうした場合、シスターになるという自分の道を疑わず、そこに忠実に留《とど》まるのはつらいことである。

たとえば新しいスポーツを始めたときを考えてみよう。当初、上達のスピードは早い。サッカーの選手なら、まずボールをうまく止めて、敵にとられずコントロールすることを学ぶ。しかしそうした基本技術を身につけると、その後の進歩はずっと小さくなり、ときには退歩しているかのように感じられる。だがそのようなときにこそ、もっとも重要な進歩が少しずつ始まっているのだ。自分自身の居場所を探すことも、これとまったく同じで、多くの忍耐と信頼が必要なのである。

しかしひとたび忍耐と信頼を得ることができれば、定住は、みずからの場を作り、力を目覚めさせ、解き放つことにつながる。どんな人も、自分と世界が完全に一致したという日々を経験したことがあるはずだ。そして一度そういう経験をすれば、朝から晩まで日当たりの悪い事務所にただすわっていることだってできるし、それでも自分を立派な人間だと感じることもできるようになる。

2．単純さ――「今、現在」に生きる

多くの研究が明らかにしているように、人間のほとんどは思考の圧倒的大部分を「過去」か「未来」に向けている。人間は明日のことを夢見て、起こりうることや、最終結果を予測する。一方、人間は昨日にも固執する。すでにどうやっても変えることのできない過去の決断を、いつまでも後悔する。そうすることで彼らは、自分から生をとりあげる時間の虜《とりこ》となってしまうのである。

というのも、彼らは「過去」と「未来」のいたるところにいるが、ただ一度として「現在」にいたことがないからだ。神が聖書のロトを滅びから救ったとき、うしろを振り向くなと命じられたのは、決して偶然からではない。ロトの妻のように、振り返る者は塩の柱となり、その場に固まってしまうのである。

今、現在に集中するために、魂の平安をたもって暮らすことは、修道士の学校ではもっとも重要な課題のひとつである。

「自分が手にしているのはいつも、今、現在の瞬間だけです」

と、シスター・アヌンツィアータは、いつもいっている。

オーバーシェーネンフェルト大修道院の歴史には、面白い特徴がある。というのは、これは歴史的に確認された事実なのだが、すべての女子修道院長はみな、自分の仕事があと少しで完成するというときに亡くなっているのである。いいかえれば誰も、最後まで仕事をまっとうすることはできなかったということになる。

たとえばマザー・ヴィリビュルギスは一二六二年に亡くなったが、それは彼女が発注した最初の石造の聖堂が完成される少し前のことだった。マザー・ウルズラは一五二二年に亡くなったが、それはまさに聖堂に新しい祭壇ができる寸前のことだった。マザー・ヒルデガルディスはバロック建築の巨匠フランツ・ベーアに聖堂の新築を依頼したが、彼女は一七二二年にその結果を見ることなく亡くなった。

こうした事例の背後には、あるメッセージを見てとることができる。物事を最善をつくして行なう、それはそのことが必要だから行なうのであり、自分がほめられるためでも、世界を変えるためでも、歴史に名を残すためでもない。たとえ失敗したとしても、未完に終わったとしても、それは重大な問題ではない。

「私たちの人生において重要なのは、立てた目標のすべてに到達することではありません」

と、ベネディクト会士アンブローズ・ティンズリーはいう。

「そうではなく、何かがうまくいかないときに忍耐強くあること、そこから新たにまた一歩踏み出して、前に進むことが重要なのです」

3. 回心――神の道に心を向けること

しかし、結局のところ私たちは、一年のうち、心安らかに生きることに何度成功しているのだろうか。シスター・アヌンツィアータは完全でない日が年に三五九日だという。さらにトマス・ア・ケンピスなどは、こんなことをいっている。

「私たちがこの地上で正しく良く生きた日が、一日だってあったろうか！」

聖書でさえ、私たちが何度も失敗するであろうことを予言している。その代表的な例が、誘惑に抵抗できずに禁じられた食べ物を食べたイヴである。だが同時に、その聖書がまったく同じように、人間が悪に背をむけ、別の道を歩む可能性があることも示している。

たとえば聖書の「ヨナ書」には、ニネヴェの町が滅びから救われた顛末《てんまつ》がのべられている。ヨナが神から教えられた町の滅亡をニネヴェの人びとに告げると、彼らは贖罪《しょくざい》を行なった。すると神は、町を破壊するのを思いとどまれた。人間の回心を知り、神が御心《みこころ》を変えて、罰を下されない。これは人知を超えた神秘があることを示している。

われわれはよく、誤った道にくり返しおちいってしまうことがあるが、回心で考えられているのは、結局のところ、そこから元の道に戻ること、生きる姿勢を変えることにすぎない。けれどもそれが真実を悟り、その悟りに添った回心であれば、過ちの報いを避けられるだけでなく、より良い実りをもたらすことさえできる。

ニネヴェの人びとはただ断食しただけ、あるいは贖罪の衣を身につけただけではなかった。ニネヴェの王は人びとに、さらにこう告げたのである。

「誰もが回心して、悪事に、自分の手にこびりつく不正に、背を向けよ」

今日でもそれは同じだ。不安にかられて首を引っこめるのではなく、あくまで自覚的な方向転換が必要なのである。そうした自主的な回心だけが価値があるのだと修道院の人びとはいう。なぜなら人間はそのときもう、あれこれ迷わず、何が重要かを確信して、突然まったく別なふうに人生を歩みはじめるのだからと。

さまざまな回心――本当の信心深さは何もだめにしない

シトー会の修道女たちは、誓願を立てたときに毎日の回心を約束する。

アンチラ・ベッティング修道院長はいう。

「そこで表現されるのは、修道生活が決して完成することなく、いつも途上にあるということ、そしてそれが何度も変化すべく定められているということです。どのシスターも本当の意味で完成された人間になるまで成熟することをめざしていますが、毎日、回心し、反省し、みずからを改めることで、少しずつその目標に近づいています。どのシスターも日々、祈りのなかで回心し、新たに神に向かうことで、心が新たにされるのです。」

人生、それは絶え間ない試み。シスター・ヒルデガルトは、「手を放すこと」と「自分を神にゆだねること」の重要性について話してくれた。それは息を引きとるまで修業しなければならないことなのだと。そしてシスター・アヌンツィアータも、死の床でこう叫んだ、年をとった修道士の話を教えてくれた。

「今になって私は、だんだん修道士になり始めている！」

だが本当は彼は、こんなふうに叫びたかったのかもしれない。

「今になって私は、だんだん人間になり始めている！」

というのも回心は修道士だけのものではなく、誰でもどこにいようと体験できるものだからだ。

「もしあなたが誰であれ、真実の王である主キリストに仕えるため、自分の意志を捨て、服従する」なら、この『会則』の言葉を伝える価値があると、聖ベネディクトゥスは序文でのべている。

そしてサレジオのフランシスコは、回心は日々の生活とひとつになれるときにしか価値がないと指摘している。

「本当の信心深さは何もだめにしない。反対にそれはすべてを完全にする。信心深さがまともな職業と折り合わないようなら、それはきっと本物でない」

彼はそれぞれの人がそれぞれの道を歩むことの重要さを強調する。

「もしも司教がカルトゥジオ会士のように、人里離れて住もうとしたら、それは正常だろうか。あるいは既婚者がカプチン会修道士と同じくらい金のことを気にしなかったとしたら？　職人が修道士のするように一日中教会で過ごすことは可能なのか。一方、修道士は静謐《せいひつ》な場所から出て、司教がするように、誰の用事でもはたせるようにしていいのか」

安らぎを得るための秘訣

では最後に、修道院で学んだ、心の安らぎを日々の暮らしにとり入れるための秘訣をまとめておこう。

一．一日を黙想か祈りの時間ではじめなさい。それはあなたの一日を整えてテンポをよくし、急ぐのをさけ、頭をすっきりさせ、集中力を生みだす。

二．つづいて頭のなかで一日の準備をしなさい。サレジオのフランシスコは、こうアドヴァイスしている。

「目の前の一日は、その一日を通して永遠を獲得するよう、あなたにあたえられたものだということを考えなさい。その日をその目的のためにうまく利用しようと決意しなさい。（略）神に仕えるために、この一日にどんな仕事や業務や機会があなたにふりかかってくるか、どんな試みがくることがあるのかを、前もってよく考えなさい」

三、短い黙想や祈りの言葉も、ストレスを遮断し、自分をとり戻し、物事の本質を思いだすのに役だつ。そうした祈りの言葉は、たとえば「神よ、助けたまえ！」だけでもかまわない。これはシスター・アヌンツィアータが修道院で最初の不安な時期に使っていた祈りである。シスター・スコラスティカはこうした短い祈り（射祷《しゃとう》）を日常的に、たとえばベルの鳴った電話をとる前などに行なうことを提案している。

新約聖書には、そのような短い祈りがたくさんある。たとえば、租税人が寺院で祈る「神様、罪人のわたしを憐れんでください」や、あるいは目の見えない乞食がいう「ダビデの子イエスよ、わたしを憐れんでください」などがそうで、その乞食は最後はイエスによって癒《いや》されることになる。

そのほかの方法としては、十字を切ることや何度も信頼の言葉をくり返すこと、時を告げる鐘にあわせてちょっと手を止めることなどがある。

「そうしたちょっとした補助的な祈りは」と、グレゴール・ハンケ修道院長はいう。

「私たちの仕事に数学のプラスのような作用をおよぼします。つまりそれを頭につけることで、物事をプラスに変える役割です」

四．不快な事柄、やっかいな義務、性に合わない人間などを、一度別の角度から観察しようとしなさい。「神の良さをまったく身に帯びていない、ちっぽけでくだらない被造物など、この世に存在しない」とトマス・ア・ケンピスはのべている。

五．自分だけの信仰告白を、一日のなかに組み入れなさい。赤信号は舌打ちするような出来事ではなく、あなたに小さな休息をあたえてくれる機会であり、そこであなたは緊張をほぐし、神に祈ることもできるのです。

六．夕方に一日を内省しなさい。何より神がその一日に、あなたにどんな良きことをもたらして下さったかを考えなさい。そしてその一日のためだけにでも、自分自身や世界と良好な関係でありなさい。

8

祈りについて

●安らぎに近づくもっとも重要な方法

「祈りのために手を組み合わせることは、世界の無秩序に対する反乱の始まりを意味する」
カール・バルト

祈りとは何か

修道士にとって、安らぎ（安息）へいたる歩みのうち、もっとも重要なのはもちろん祈りである。祈りが静寂や精神の集中と強い関連をもっていることは、その姿にもあらわれている。祈る者は手を組み、頭をたれ、何も見ず、ただ目を閉じる。彼はすわっているにせよ、ひざまずいているにせよ、立っているにせよ、必ずリラックスした姿勢をとっている。

実はこの章のプランを考えていたとき、私はいつも少し憂鬱な気分になっていた。祈りについて私は、昔からそれを大げさで偽善的なものとして考えていたはずなのに、いまになってそれを読者に勧めるつもりなのかと。

だがそれからふと思いついたのは、私はいま毎週、ヨガのクラスに出ているが、そのときに実はもう、祈りの途上にいるということだった。そのとき私の手は組み合わされ、眼は閉じられているのだから。

さらに修道院で私は、シスターたちがどれほど祈りに対して真剣であるかを知り、それが偽善とはまったく別のものであることを知った。ただ私には、キリスト教の人格化された神を思い浮かべることが、どうしても難しかったのだ。

しかし、その後シスター・アヌンツィアータが、ある体験を語ってくれた。シスターたちは定期的に、日常業務を離れ、集中的に黙想を行なう「黙想の週」をもっている。そうした週のはじめに、彼女はひとつの問いを立てたのだった。

「私は、神というとき、いったい誰のことを思っているのか」

いま振り返ってシスターはいう。「思えばこの問いは奇妙よね。私はそのときもうすでに、かなり長く修道院にいたのですからね……」

だがそのとき彼女はこの問いを立てて「黙想の週」にのぞみ、そして答えを見つけた。それは次のような答えだった。

「私はこういう方を神として想定することができる。私を凌駕《りょうが》し、私よりも偉大だけれども、私に対して、私は愛されているのだ、求められているのだという気持ちを抱かせてくれる存在を」

これは快い提案、肩の力がぬけるような提案である。たしかに、どうせ結局は目にすることのできないものについて、あまり細かく定義する必要はないのかもしれない。

祈りの本質もまた、具体的な神の姿についてあれこれ思い悩むことではなく、そうした神秘への接触をもち、出会うことだといえる。また自分をその神秘の力、エネルギーの一部と認めることだといえる。ただキリスト教の信者にとってその「エネルギー」は、ひとつの名前をもつ、ひとつの人格となっており、具体的にはイエス・キリストとしてイメージされているのだが。

祈りは役にたつ

すべての宗教にはそれぞれの祈りがある。ベネディクト会のシュヴァイクルベルク大修道院の院長、クリスティアン・シュッツによれば、そもそも祈りは、人間という存在に本質的に備わっているものだという。キリスト教の信仰によれば、人間はこの世の存在でありながら、神との関わりにおいてはこの世を超越する存在でもあるという二面的な性質をもっている。祈りはそうした二面的な性質をもつ人間が生きるうえで、必要不可欠な条件なのである。シュッツはいう。

「そもそも話す能力そのもののなかに、祈る能力が含まれています。言語の特性上、人間は祈りによって、自分と世界、現実の全体を超越し、また同時に祈りのなかで、自分の有限性とははかなさをあらわにするからです」

長らく祈りの研究にとり組んできた学者もいる。たとえばジョージタウン大学教授のデール・マシューズは、このテーマについて世界中の三二五の研究論文を分析した。その彼の結論はこうである。

「七五パーセント以上の論文で、祈りは体と魂によい効果があるという結果がのべられている。たとえばメリーランドでは九万人以上を調べて、教会に通う者のほうが冠状血管疾患や肺気腫、肝硬変にかかっている人が少ないという結論を得た。また自殺率も低い」

ハーヴァード大学の心臓病学者ハーバート・ベンソンは、何千人もの患者の調査によって、祈りと黙想は血流と神経によいことを確認した。パドゥア大学のルツィアーノ・ベルナルドの研究は、ロザリオの祈りやマントラは、それを信じていなくても健康を改善することを明らかにした。つまり、祈りをとなえた被験者たちは、呼吸のリズムが明らかに遅くなり、それが被験者の健康状態にポジティヴに働くことが確認されたのである。

キリスト教の祈り――人間存在の全体を明らかにする

祈りは神秘である。私たちは祈りのなかで動きだす力をすべて解明することはできないが、それらを探求し、感じることはできる。イエス自身もまた、祈りを生活の中心においていた。

「神と人の子であることや、彼の神秘、彼の道は、彼のなかに祈る人を想定しなければ理解することができない」

と、クリスティアン・シュッツは書いている。イエスはつねに祈り、その祈りにもとづいて生きた。彼は転機の前に、決意の前に、自身の逮捕の前に祈った。そして何度も弟子たちに対し、自分と同じことをするよう求めている。

たとえばイエスが弟子と群集たちに教えを説いた有名な「山上《さんじょう》の垂訓《すいくん》」では、天の父に捧げる「主の祈り」(⇩10ページ)が中心的な位置をしめている。そしてどう祈るかについて、次のような教えが語られる。つまり「祈るとき、あなたがたは偽善者のようであってはならない」(「マタイによる福音書」6:5)と。

「偽善者たちは人に見てもらおうと、街道や大通りのかどに立って祈りたがる。(略)

だから、あなたが祈るときは、奥まった自分の部屋に入って戸を閉め、隠れたところにおられるあなたの父に祈りなさい。そうすれば、隠れたことを見ておられるあなたの父が報いてくださる」

イエスにならってキリスト教の初期の信徒たちは、「主の祈り」に加えて、旧約聖書の「詩編」のなかの言葉をとなえていた。全部で一五〇編あるこの詩編は、今日なお修道院の定時の祈りの中心をなしている。シスターたちは全修道院生活を通じて、それらをとなえ、歌いつづける。人間に関するすべての要素を含んだ一五〇編の歌。それらは、誕生、愛、幸せ、悩み、そして殺人まで、非常に根本的で広範囲におよんでいるため、聖書自体のなかでも何度も引用されているほどだ。詩人のリルケもそれを、「どれほど気が散っていたり、気持ちが乱れていたり、思いわずらったりしていても、完全に引きこまれてしまう」

と評している。

詩編に登場する人たちは、彼ら自身、さまざまな方法で祈っていた。彼らは神に呼びかけ、叫び、嘆き、感謝し、讃える。

「そうした祈りにおいて重要な問題は」

とシスター・アヌンツィアータはいう。

「人間として、私という存在を形づくっているものを、どの程度、神への対話にもちこむことができるかという点なのです」

信者は神に対し、祈りのなかで臆さず自分を打ち明け、正直でいなければならない。シスター・ヒルデガルトにとって、これはすべてをもって、みずからを神に差しだすことである。それは心を軽くし、解放し、清めてくれるのだという。

共唱《きょうしょう》祈祷《きとう》

祈りは人を深みへ導き、その道のなかで人を前進させる。

「何事もミサに優先させてはならない」

とベネディクトゥスは書いており、「祈り、そして働け《オーラー・エト・ラボーラー》」というベネディクト会のモットーも、祈りが労働に対して良い作用をおよぼすことを前提としている。

シスター・アヌンツィアータは「聖歌隊席に立つ」ときはいつも、それまで客に配っていたスープを脇に置いたまま、自分の歌に集中することをかなりうまくやってのける。彼女は共唱《きょうしょう》のときは、いつも際だって澄んだ響きのよい声で歌うのだが、もともと元気で颯爽《さっそう》とした人なのに、そのときはそういう個性を脱ぎ捨て、まるで過去の偉大な聖人のように揺るがぬ自信に満ちている。どの動きも自然で、ためらいも不安もない。歌と言葉、内容と形態はかみ合って一体となっている。これこそがめざすべき安らぎの姿なのだろうか。

「本当にその世界に身をおくこと」ができたとき、彼女は少なくとも瞬間的に、自分の平安を見いだすのだという。それは創造に満ちた瞬間でもあり、何年も前から歌っている詩篇の一節が、突然まったく新しく聞こえ、新しい意味をもつことがあるのだという。

さらにシスターたちが相互に歌い合うとき、それがうまくできて、どの歌い手も気をゆるめず、みながリズムにのるとき、第二の局面が訪れる。それはたんなる言葉がつくる概念的な理解を超え、無心に祈りに没入する境地である。

私にとってもっとも美しい祈りは、いつもラテン語の晩課《ばんか》（晩の祈り）である。晩課の歌は本当に新鮮に、高貴に、神秘的に響く。それでもなぜか集中できない日も何度かあって、気がつくと私は突然、なぜ修道女たちがみなメガネをかけているんだろうなどと考えているのだった。シスター・アヌンツィアータは、こういう集中力の欠如についてもよく知っている。

「私たちの一日や、私たちの共唱祈祷《きょうしょうきとう》も同じなのです。ああ、神様、私たちがなごやかで楽しい気分でいるのか、調和を乱されているのかは、きっと聞いてお分かりでしょう。私の歌は私のなかのすべてを見せてしまうのです」

しかし、良き日には空気全体に聖歌がしみこんでいくように思われるという。

読書

修道院のタイムテーブルのなかで、祈りと並んでもうひとつ重要なのは、聖書や祈りに関する本の読書（霊的読書）である。聖ベネディクトゥスは、いかなる修道士も修道女も、聖書に完全に親しまなければならないとのべている。彼は一日に二～三時間、聖書を読むことを修道士たちに課しており、受難節《じゅなんせつ》には聖書のある決まった書を読むことが決められている。

そうした聖書との関わりは、修道士の生活に広くおよんでいる。たとえば食卓での朗読がそうだ。シスターたちがスフレを食べ、シスター・ヒルデガルトが列王記の一節を朗読しているとき、彼女たちは沈黙しつつ、肉体の栄養も魂の栄養も共にとっているのである。アンブローズ・ティンズリーが強調するには、その場合必ずしも「理性的にひとつひとつの言葉を理解しなければならない」ということはないそうである。もしそうであれば食事中にストレスを感じることになりかねないからだ。むしろ肝心なのは祈りの全体を感じることだという。

つまりアウグスティヌスがいっているように、「口で話されたことが、心で生きるようにする」ということなのだろう。そしてくり返される言葉を聞くことで、読書ではまったく感じられなかった認識や印象をもつことができるようになる。そこではゆっくりしたテンポとくり返しが決定的に重要だ。修道院における読書（霊的読書）とは、いわば一種の祈りであり、黙想《もくそう》（サイレント・メディテーション）と同じ役割が期待されている。

一二世紀の修道院改革において重要な役割をはたした、サン・ティエリー修道院院長のギョームは次のようにのべている。

「神を信じ、神について知り、神を崇敬するのは他人事だ。あなたたちのなすべきことは、神を味わい、神とひとつになり、神を享受することである」

どのように神を味わうかを見いだすことこそ、祈りの課題だといえる。こうした認識から、二〇世紀のもっとも重要なカトリックの神学者、カール・ラーナーの次のような発言も理解できる。ラーナーは、未来のキリスト教徒は神秘家、つまり「何か《サムシング》」を体験した者であろうと予言した。さもなければ未来にキリスト教徒は、もはやまったく存在しないだろうと。

コラム

祈りの言葉

シスター・アヌンツィアータには、もちろん好きな祈りの言葉がいくつもあるだろう。しかし、ポール・クローデルの次の言葉は、それを知ったあと、かつてないほどに彼女を魅了した。

「神とは、すべてが始まる根源。
すべてを運ぶ現在であり、
すべてが注ぎこむ目的の地である」

9

黙想について

●魂の深みへ降りていく方法

「世界の最も深い意味を理解したと思ったとき、
いつも私を震撼させたのはその単純さだった」

アルベール・カミュ

「神の味わい」は、言葉では表現できない

黙想《もくそう》（サイレント・メディテーション）にとりくんだ著者たちがいつも強調するのは、言葉では自分が体験したことをうまく他人に伝えられないということだ。たとえば私たちは、果物やパンの味がどんな味かさえ、うまく描写できない。それなのに、いったいどうすれば「神の味わい」を表現できるというのだろう。だから信仰の中心にあるのは、結局のところ個人的な体験でしかない。それは本や教師によって触発されることはあっても、最終的にはひとりひとりが自分で経験するしかないことなのだ。

もっとも、黙想によって生じる最初の効果は、よく知られている。

「多くの人間にとって簡単に追体験できるのは」

と、黙想の専門家ペーター・ラープは書いている。

「まず心の底から緊張がほぐれていくことであり、注意深さと集中力が増すことです」

しかし、とラープはつづける。

「そのあと、黙想している者が眠ったりまどろんだりしなくても論理的思考が動きを弱めていく段階については、ほとんどの人がもう想像できないのです」

キリスト教の瞑想について

私たちが「黙想」のことを話すとき、特定の沈黙の技術を、たとえばひとつのイメージを思い浮かべたうえでの精神集中のことを意味している場合が多い。そのような種類の黙想は、とくに一六世紀のスペインでよく行なわれていた。その際に人は沈黙することで、愛する人格をもった相手、神、あるいはイエス・キリスト自身と関わりをもつことができる。そして黙想の次のより高い段階である観想《かんそう》では、深められた思考のかわりに内的なビジョンがもたらされる。そのとき人はもはや考えるのではなく、ただ神の存在だけを意識している。

では祈りと黙想はどのように区別されるのか。実際はこのふたつに境界線を引くことは、ほとんど不可能といえる。たとえば第二バチカン公会議によれば、黙想は神の現実に到達するための祈りの手段と定義されている。いわば黙想は、祈りのより深い次元の形だといってよいだろう。

結局のところ祈りと黙想は、一方がもう一方の一部なのだ。どちらも口に出すことができるし、あるいは言葉を心に思うだけ、あるいは非常に高いレベルでは完全に忘

れ去ることで、純粋に内側にとどめることもできる。その目標はつねに、外的な沈黙から内的な安らぎにいたることだ。さらには内的な安らぎから最高段階へ、つまり神的直観へいたること。そしてさらに最終的には神との合一、つまり悟りに達することである。後者はほんのわずかな人にしか到達できない神秘体験であると、スペインの聖人であるアヴィラのテレジアは強調している。だが同時にそうした体験は、「主の祈り」のような非常に短い祈りによっても生じうるものであると。

　アタナシオスは修道生活の創始者である聖アントニウスについて、

「彼はほとんどいつも祈っていた。というのも人間は声に出さずに、ひとりで祈らなければならないと学んでいたからである」

と書いているが、これはアントニウスがつねに精神の集中状態にあったことを意味している。当時すでに修道士たちは、たとえば詩編の一節や新約聖書のなかの短い祈りを何度も声に出してとなえるか、黙ってひとり思うことで黙想していた。エマヌエル・ユングクラウセン大修道院長によれば、そうした反復様式の祈りこそが基本的に「キリスト教の黙想の最初の形」であり、それは「つねに祈れ、止むことなく」という聖書の言葉への回答として生まれたものだという。

イエスの祈り

すでにのべたように、初期の修道士たちにとって問題は、不断に神を思うこと、つまり中断することのない祈りだった。そのために必要な精神状態に、彼らは短い祈りや、詩篇の短い一節、あるいは「ダビデの息子、イエスよ、私を憐れんでください」というような新約聖書の一文を通じて到達した。それらはまた「一言の祈り」といわれている。

黙想が発展する過程では、いつもイエスの名がその中心となった。六世紀には聖ドシテオスの生涯の描写にはじめて「主、イエス・キリスト、私を憐れんでください！」という短い祈りがあらわれるが、そのころすでにシナイ山の修道士は、この祈りをある種の呼吸法と結びつけることで意識を変容させる技術を獲得していた。

一九世紀には東方教会の修道士が『あるロシアの巡礼者の真《まこと》の物語』を書いたが、これは西欧キリスト教世界にも、イエスの祈りの普及を導くものとなった。そのなかではこの黙想の方法が具体的に描かれているが、ひとことで言えばそれは、一心不乱に絶え間なくイエスに呼びかけるという形をとっている。呼びかけの言葉は「主、イエス・キリスト、私を憐れんでください！」というような定型句や、「イエス・キリ

ストよ」という叫び、あるいはただ一言「イエス」をくり返すものなどのなかから、自由に選択する。それにより、あらゆる内容の祈りを表現しているのだ。

黙想の本質を説明すれば、おそらく次のとおりだろう。それは元来目的にしばられるものでなく、ただそれ自体に集中して、いかなる結果への期待ももたない。たとえばシスター・アヌンツィアータは長いあいだ、重大な意味をもつ神秘体験をしなければならないという強迫観念に悩まされていた。たとえば自分を後継者に呼びだすイエスとの出会いである。だが、いつしか彼女はそうした重圧から解放されていた。

「いま振り返ってみて、私がどれほど自分に固有の道を歩んできたか分かります。神は私にこのようにして、何が私にふさわしいかをお示しになったと信じています」

自分の信仰とのこうした穏やかなつき合い方を、彼女は自分らしいやり方でさらに進めていった。その彼女がついに、「神ご自身からの聖なる働きかけ」を体験したのは、ある黙想集中期間のことだった。それは二度起こった。一度目は、彼女が病気や身体障害などの肉体上の苦しみについて黙想していたときだった。彼女にはそうした障害は一切なかったにもかかわらず、現実に激しい痛みを体験したのである。二度目は、ただコーヒーを飲みながらすわっていたときだった。

「そうしていると、突然あることが私にははっきりしてきたのです。ただもうまったく明瞭でした」

ただその「あること」について、シスター・アヌンツィアータが説明してくださることはなかった。おそらく説明したくても、どう言葉にすればよいかわからないことなのだろう。

ロザリオの祈り

祈りと黙想にとって重要なのは、誰もが自分の使いやすい道具をうまく使うことである。そうした道具の典型は、おそらくロザリオだろう。この数珠状の道具は、時代遅れのものとして使われなくなったこともあったが、近年また復活してきている。

ロザリオは五三の小さい珠《たま》と七つの大きな珠からなり、それらは輪になったヒモに通されて並んでいる。珠のつらなるヒモにそって、はじめに使徒信条、主の祈り、「天使祝詞《てんししゅくし》」（アヴェ・マリア：⇩158ページ）を三回、最後に「栄唱《えいしょう》」がとなえられ、それが終わってから「天使祝詞」一〇回が五度くりかえされる。どの天使祝詞にも、イエスの生涯を特定の場面で振りかえる決まり事が組みこまれており、そのようにしてマリアの目をとおしてイエスの全生涯が黙想されてゆく。

かつてサレジオのフランシスコは、ロザリオの祈りについて、こうのべていた。

「ロザリオの祈りはとても役にたつ祈りの形である。ただしそれは、正しい祈り方を心得ていることを前提としての話だが」

ときどきロザリオの祈りは、たんなる勤勉さのレッスンと誤解されることがあり、できるだけ早く天使祝詞をとなえようとする一方、頭のなかは買い物や日常の雑事でいっぱいといったことになりがちでもある。だが、教皇書簡「処女マリアのロザリオ」でいわれているとおり、「考察がなければ、ロザリオの祈りは魂のない体」なのである。

もし本当にロザリオの祈りを黙想の手段として利用するなら、持続的な反復と、祈りの言葉のリズミカルなくり返しは、手のなかの珠を次々とすべらせていく単調な作業と結びついて、精神の深い集中を可能にする。ロザリオの祈りはとくにストレスのある状況、あるいは苦難の瞬間に、落ち着きをとりもどすもっとも簡単な方法である。そして誰にとっても、毎日それを行なうことで、日常的に精神の安定をあたえてくれる一番の方法なのである。

コラム

聖母マリアへの祈り（天使祝詞）

恵みあふれるマリア、
主はあなたとともにおられます。
主はあなたを選び、祝福し、
あなたの子イエスも祝福されました。
神の母聖マリア、
罪深いわたしたちのために今も、
死を迎える時も祈ってください。

アーメン

祈りと黙想にとって重要な道具であるロザリオ

10

自分自身について

●自分自身と、また他人と、
いままでよりも
仲よく暮らすための方法

「自分の内面がいつも落ちついて良い状態にある者は、変に焦って早まったことをすることもなく、人が騒ぐのを気にかけることもない」

トマス・ア・ケンピス

「あなたと出会ったあと、幸せが増えなかった人がいないようにしなさい」

マザー・テレサ

隣人だけでなく、自分自身も愛せ

私が数年前に隠修士《いんしゅうし》のハインリヒ・エンゲルマンをはじめて彼の石切り場に訪ねたとき、私はそこで誰に会うのかまったく知らなかった。それまで私の人生に世捨て人があらわれたことはなかったし、砂漠の聖アントニウスのような過去の聖人のこともよく知らなかった。

小屋の戸が開き、小さな男が私を抱擁したとき、とても驚いたことを覚えている。彼は椅子を二脚もっており、そのうちのひとつを私に差しだし、もうひとつに自分がすわった。それから私たちはお茶を飲み、話をし、大きな窓から春の景色をながめた。そこで私は客としてもてなされた。主人であるエンゲルマンはよく気がつき、機敏で辛抱強かった。事物の本質を求める強い欲求が彼を人里離れた場所へみちびき、その人里離れた場所のなかから彼はいま、大きな存在感と優しい好意をもって私の前にあらわれたのだった。彼の洞察、彼の信仰は、彼個人の問題のレベルを超え、大きなスケールを備えるようになっていた。そのような人間は他人に「良い感情」を向ける。そして他人を受け入れ、あるがままの状態でいさせる。それをあらわす一番簡単な言葉は

「愛」だ。

「自分自身を愛するように、あなたの隣人を愛しなさい」

とイエスはいった。この言葉が引用されるとき、ポイントは「あなたの隣人を愛することと」に置かれている。しかしよく読みなおしてみれば、この言葉は「自分自身を愛すること」についてものべているのだ。そのことをシスター・アヌンツィアータは、長いあいだ気づかなかったという。

「でもそこが重要なのです。あなたは真剣に自分自身を愛さなければならない。もし私が自分自身をよく理解してあげなければ、どうして他人を理解できるでしょう」

自分自身を愛するということは、甘えた態度で世間を渡れといっているのではなく、自分を世界の一部として受け入れ、その性質と弱点も含めて引き受けるということだ。人間は本来の自分と一致した、自己分裂のない状態であるとき、はじめてなにかを開始する力を得る。そして自分自身を受け入れ、認めることができるその程度に応じて、他人を受け入れ、認めること、つまり愛することができるようになるのである。

シスター・アヌンツィアータがいうには、彼女は自分について学び、自分のことを知れば知るほど、毎日が楽に過ごせるようになっていくという。たとえば自分がいらいらしてしまうような「お粗末な日」とも、つき合いやすくなるのだと。そのことがわかってから、彼女はあらかじめ注意深く避けるべきいくつかのことについて意識するようになり、おかげでつまらないトラブルを避けることができるようになった。

サレジオのフランシスコは、私たちが「自分自身や自分の欠点について決して怒らない」ことによって、穏やかさをうまくコントロールすることができるとのべている。「私たちは自分の欠点が気に入らず、残念に思うけれども、その不満は、苦く、腹立たしく、怒りに満ちたものであってはならない」

それは自己愛の裏返しか、さもなくばまったくのエネルギーの浪費にすぎないからだという。というのもそうしたとき、実は本人は案外快適なポジションにいることが多いからだ。もし私が大げさなジェスチャーで、自分の欠点や足りない点について怒っているとすれば、私は自分と他者に対して次のような気持ちを伝えているのだ。「見てください。私がどれほど自分のことを頭に来ているかを。わかってください。私がそのことをどれほど残念に思っているかを」

そして私は何かを変えることなく、同じ段階に安心してとどまれるのだ。変えるほうがずっと骨が折れるのである。

「愛せ、そしてやりたいことをなせ！」

シスター・アヌンツィアータは修道院というエネルギーに満ちた共同体のなかで、自分が自分自身の「自己」と、そして隣人と、どのような関係にあるかを熟慮する充分な時間をもっている。シスター仲間の共同生活では、

「ときには不快なこともあるのです。というのは、老若とりまぜた数多くの女性たちがいれば、不和や対立は必ず生じるものだからです」

と、アンチラ・ベッティング修道院長はいう。修道院共同体は、家庭と似ているが、異なったところもある。それは個々の修道士たちが、「隣人への愛をみずからに課すことで、つねに挑戦しながら生きている」という点である。

シスター・アヌンツィアータは自分自身とうまくやっている日には、それほど他人との関係に力をさくことがなく、さらには他人の言動を深読みしたりせず、素直に受け入れることができるという。それは新約聖書のなかでパウロが愛を性格づけているようなあり方（「愛は忍耐強い。愛は情け深い。ねたまない。愛は自慢せず、高ぶらない……」）で、である。だがその愛は、とりわけあるものでなければならないという。

すなわち「善意ある」ものでなければならないと。

「たとえ（略）あらゆる神秘とあらゆる知識に通じていようとも、たとえ山を動かすほどの完全な信仰をもっていようとも」

と聖パウロはのべている。

「愛がなければ、無に等しい」（「コリントの信徒への手紙一」13：2）

一方、聖アウグスティヌスは、愛を生の原理そのものとのべている。

「愛せ、そしてやりたいことをなせ」

と彼はいう。というのも本物の愛からくる行為が誤った目標に行きつくことは、絶対にないからというのだ。

キリスト教徒にとっては、神への愛が最上位に位置する。

「あなたは心をつくし、魂をつくして主なるあなた方の神を愛しなさい」

ここでのべられている愛は、あくまで双方向の愛であり、神を信ずる者は、愛するだけでなく、自分が愛されていることも感じる。その結果もたらされるのは内的な安定と自立だ。

自分が安全で守られていると感じている人は、何か特別のことをして世俗の愛を得ようと頑張る必要はないし、つねに不安げに他人の意見や希望に同調する必要もない(もっとも、たとえ同調したとしても、たいていうまくいかないことが多いのだが)。

「もし私たちが、他人が話したり行なっていること、そして私たちには関わりのないことでこれほど頭や心を痛めてなかったら、もっと安らぎと平安をたもつことができるだろう」

とトマス・ア・ケンピスは書いている。

内的な平安と愛の規則

潜在的な争いの大半は、修道院ではすでに確立された秩序によって解決することができる。というのは、これまで無数の裁定がすでに修道院内で行なわれており、ほとんどの場合、同じ問題で争うことはできないからである。にもかかわらず修道士たちは、騒動を共同体にもちこむことに関しては俗世の人びとに負けていない。聖ベネディクトゥスはそのため、修道院での共同生活について詳細な指示を出している。

○まず第一に、誰も修道院で生活することを強いられない。また、まったく反対に「新しく誰かが来ても（略）簡単に入会を認めてはならない。（略）彼に神へいたる道がいかにきびしく困難であるかについて、あからさまに話すがよい」
○重要な裁定の場合には、すべての修道士が呼び集められる。修道院長は修道士たちの助言に耳を傾けねばならない。修道士たちの方は、傲慢にまた頑固に自分の見解を弁明してはならない。修道院長は裁判所であり、摩擦のない共同生活には必要不可欠な存在だが、同時に彼は残りの修道会共同体と同等な存在でもある。
○謙虚と従順はすべての者に例外なく適用される。その外的な徴《しるし》として、オーバーシェーネンフェルトの修道院長は修練者たちの着衣式のときに、イエスがその死の直前に弟子たちにしたように、彼らの足を洗う。
○修道士は「争いのあと、まだ日が暮れぬうちに平和に戻らなければ」ならない。聖書がそれを求めているのとまったく同じようにである。すなわち「日が暮れるまで怒ったままでいてはならない」（「エフェソの信徒への手紙」4：26）
○修道士は誰も他の人びとを独断的に弁護してはならない。「なぜならこれは最悪の怒りを引き起こすきっかけとなりうる」からである。しかしその一方、誰も他の人を「締めだしたり、殴ったりしてはいけない。たとえ修道院長が彼に全権を授けたとしてもである」

こうした決まりは一見きびしく聞こえるが、聖ベネディクトゥスはどのような場合でも、そこで暮らす人びとが本当に必要としているものを優先して考えていた。ベネディクトゥスは、とくに病人たちには何も欠けるところがないようにすべきであり、病人は体に効くかぎりよく風呂に入るべきであるし、彼らは「体力を回復するために肉を食べてもよい」としている（健康な者に肉食は許されていない）。

また同じ修道院の「兄弟たち」は、忍耐強く、不快な病人や手のかかる病人の世話もすべきだという。一方、病人のほうは彼らの看護人を「行きすぎた要求」で「悲しませない」よう求められている。こうしたすべては聖書の定めに応じたものといえる。というのもイエスいわく、

「あなた方が私の兄弟であるもっとも小さい（弱い）者にしてくれたことは、私にしてくれたことと同じである」（「マタイによる福音書」25：40）

からである。

内的な安らぎと責任

修道院であろうとそれ以外であろうと、ある共同体にとって決定的に重要なのは、誰が何に対して責任をもつか、つまり責任の所在はどこにあるかということだ。修道士の場合、家父長的な原則にしたがい、父の役割を担う修道院長が、まずは全共同体に対して責任をもっている。だが同時に、同じ程度にすべての修道士たちがたがいに責任をもちあっているのである。そうした責任のなかには、自分の意見をいうことも含まれている。

シスター・アヌンツィアータは、ある出来事が深刻になったとき、本当に自分が口出しをすべきかどうかを直感的に判断するのだという。まだ若いシスターだったとき、彼女は他のシスターたちに対して自分の立場を明確にすることは、ほとんどなかった。他の人たちの意思を尊重し、決して裁判官役を演じないという基本方針から、彼女はよく沈黙していたのだという。

「でももし、そのことが私のなかで尾を引き、数年以上悩んだあと、発言したとしたら、いったいそれが何の役にたつでしょう。私はいまではもっと頻繁に、自分の考えをのべるように努めています。他の人に私がどういう人間か知ってもらうためにもね」

Practice ③

周囲の人を甘やかしてあげましょう

イエスがご自分で弟子たちの足を洗った話は有名です。あなたも親しい友だちや家族のひとりを、まったく普通の日に、朝から晩まで甘やかしてあげましょう。

○その人のお気に入りの食事を作ってあげましょう。
○その人がいつもやりたがらない用事を片づけてあげましょう。
○その人のいうことを、さえぎらずに最後まで聞いてあげましょう。
○その人がいやがらなければ一緒に映画を見に行ったり、買い物をしたりしましょう。
○その人を非難するような発言をいっさいやめましょう。
○その人が、普段ならあなたをひどく怒らせるようなことをしても、大目に見てあげあげましょう。

これらすべてのことを、感謝やほめ言葉をもらおうとか、いつか自分にも同じことをしてほしいなどと思わずに、やってあげましょう。そのうち、自分にも相手にも気づかれないほど、ごく自然にそうしたことができるようになるでしょう。

11

人生のリズムについて

●自分の人生と、うまく折り合うための方法

「平安のうちに生きようと思えば、平安は必ず私たち自身のなかからくる」

ジャン・ジャック・ルソー

「世界はただ愛する機会だけでできている」

ゼーレン・キルケゴール

自分自身を完全だと感じ、将来への不安なく生きる

安定した安らぎを得ようとする者は、自分の人生とうまく折り合っていなければならない。そのためには、あらかじめ自分に決められたリズムで人生を歩む必要がある。あらゆる人間のリズムは誕生ではじまり、死で終わる。そうした生のリズムを受け入れることは、次のような目的を達成するうえで大きな助けとなる。

○本当の自分になっていくこと。なぜならひとりの人間として成長し、変化してゆくことを受け入れるなら、そうした自己の成長を手がかりに、この世に生きている真の意味を理解することができるから。
○自分自身や他人との不必要な争いを避けること。私たちは老いに対しても死に対しても、何もすることができないのだから。
○自分自身を完全な存在だと感じ、将来への不安なく生きること。

呼吸というリズム——吸って、吐いて、休む

生命が私たちにあらかじめあたえてくれたもっとも小さなリズムは、呼吸である。呼吸には、吸って吐くだけが含まれるのではない。正しいリズムの呼吸では、息を吐いたあとに休みがある。私がそのことに気づくまで、長い時間がかかった。呼吸とはつまり、活動的な生き生きした部分（吸う）と、受動的な部分（吐く）、静止（休む）という三つの部分によって構成されているのだ。

ヨガの教えでは、人間はみなその人生において、ある決まった回数の呼吸しかできないとされている。だから私たちは、なんとかして呼吸の回数を減らし、長生きしようとする。訓練や瞑想、あるいは肉体的鍛錬によって、ある程度回数を減らすことは可能だ。しかしそれでもいつか使いはたしてしまうことに変わりはない。

だから真実はひとつしかない。私もやがて死ぬし、あなたも死ぬということだ。これは大多数の人間にとって非常に不愉快で、なんとか頭から消し去りたい冷酷な事実である。フランツ・ヴェルフェルは死に対するこのような人間の態度を、次のような例にたとえている。

「高層ビルで働く労働者のひとりが、高い足場から落ちた。彼の同僚たちは、自分たちにも近い将来、まったく同じようなことが確実に起こることを知っていた。だがそのとき彼らがやったことは、わずか二〜三秒のあいだ、口からタバコを外し、足場の下をチラッと見るだけだった」

生きることと死ぬことについて

もっとも、イエスにとって死は決して災《わざわ》いではなく、その後の永遠の命へといたる道でもあった。

「もし、一粒の麦が地に落ちて死ななければ、それは一粒のままである。しかし死ねば豊かな実りをもたらす」（「ヨハネによる福音書」12：24）

聖ベネディクトゥスは修道士に、「突然の死を日々思い浮かべよ」と教えている。これはいささかどぎついが、たしかに現実的な考え方といえる。ひとたび死を目の前にすると、私たちはそれまで差しせまった必要を感じていたさまざまな雑事や、日々私たちを駆り立てていた仕事のことなど、とたんにどうでもよくなってしまう。あとに残るのは、残された短い生との真剣な関わりであり、それはまさに幻想を排してこそ、きわめて喜びに満ちたものになるのだ。

ハインリヒ・シュペルルは、かつてある若い農夫についてのメルヘンを書いたことがある。そのなかで農夫はリンゴの木の下にすわって、いらいらと恋人を待っている。ひとりの小人がその農夫に魔法のボタンをくれる。彼がそれを右に回すと時間を飛び越えることができるのだ。彼はボタンを回し、少女が来る、また回して彼らは結婚式を祝う。さらに回すと彼らは初夜の床にいる。さらに回すと家と子供たちをもち、何度も回すと死の床にいる。驚いた彼は、自分が時間を浪費したことを嘆き、今度はボタンを逆の方向に回す。そして彼はふたたびリンゴの木の下にすわっている。いまや彼にとって、恋人を待っている時間は、何にもまして大切なものとなっていた……。

この農夫のように、私がひとたびみずからの有限性、つまり死をしっかりと認識したら、私は明日からの毎日を一度限りのものとして、切実にとらえるようになるだろう。

「それが今に生きるということです。明日、あさってではなくね」

と、シスター・アヌンツィアータはいう。

イスラエルのバール・イラーン大学の調査は、人間は死を思い浮かべると自分の配偶者に強く引かれるようになるという結果を出した。夫婦をより親密に結びつけるものは、ひとつは不安であるが、ひとつはこの価値ある地上の愛も、いつか終わるだろうという自覚なのである。

もし私が死を受け入れることができたなら、私も生がもっとよく分かるようになるでしょう。生とは日々くり返される死であるのだから、とシスター・アヌンツィアータはいう。たとえば別れも小さな死ではないか。たしかに私たちの日常は、そういう小さな死に満ちているということができる。

「何かがうまくできないとき、計画をあきらめなければならないとき、人間関係が壊れるときなど。そういう死も人間という存在の一部なのです」

オーバーシェーネンフェルトのシスターたちは、死を自分たちの生活の中心に置いている。正午の祈りのあと、彼女たちは毎日墓地へお参りし、そこで亡くなったシスターたちのことを思いだす。そのとき、自分自身の未来の死もしっかりと意識するのである。それは彼女たちにとって、現在の生と同じく、たしかに実在するものなのだ。

だから修道院の会議室がまさにこの目的に合わせて作られていることも、決して偶然ではない。この部屋は全体が石でできているが、真ん中に大きく黒ずんだ木の板がしかれている。だれもその上に足を踏み入れてはならず、いつもは空いたままになっている。亡くなったシスターたちは埋葬される前、そこに安置されるのだ。しかし同時にそこは、見習い期間のシスターたちがはじめて授けられた修道服を身につける場所でもある。彼女たちは昔の生活を捨てて（これもひとつの死といえる）、新しい生活をはじめる。新しい場所で、新しい服を着て、名前さえ新たにして。死のあとにつづくのは新たな誕生なのである。

祝祭が刻む暮らしのリズム

多くのシスターたちは、世界の本質に少しでも近づこうと努力している。たとえば愛などのように、眼には見えないが、物質よりもずっと重要な何かに。しかし彼女たちにしても、そこに近づく道をあらかじめあたえられているわけではない。そのとき大きな手助けとなるのが、季節ごとに行なわれるさまざまな祝祭である。たとえばクリスマス、復活祭、聖霊降臨祭《ペンテコステ》……。それらはいずれも、信者たちの暮らしに確かなリズムをあたえるだけでなく、世界の根源である神との結びつきを再確認することで、その日常を活性化させているのである。

まるでくりかえす呼吸のように、くりかえす毎日のように、修道院の一年は正確なリズムを刻んでいる。その節目となるのが、イエスの生涯に起こった各時代の出来事を記念する祝祭だ。誕生、苦難、死そして復活。

しかし重要なのは、ただ敬虔にそれぞれの出来事を思うのではなく、心からそれを祝うということだ。だからシスターたちは、時間をかけ、行列を組み、衣装を凝らして祝祭を行なうのである。

生誕――クリスマスの陶酔

キリスト教の暦（教会暦）は、クリスマスの四週前の日曜日から始まる。それからクリスマスまでの期間は「降臨節《アドヴェント》」とよばれ、シスターたちにとっても待つ楽しさにあふれた特別な時間だという。寒い冬のただなかにあって、もうすぐ新しいことが始まると、アドヴェントの輪飾りは教えてくれる。アドヴェントの輪飾りとは、樅《もみ》の小枝で編んだ輪に四本のローソクを立てたもので、クリスマスまでの日曜日ごとに一本ずつ火がつけられていく。ローソクの火が増えるたびに、シスターたちは実感する。もうすぐイエスがお生まれになるのだ！

そしてシスターたちがクリスマスにイエスの誕生を祝うとき、彼女たちは自分自身の誕生も同時に祝っているのだ。自分たちの人生が一度限りであることを、彼女たちはもちろんよく知っている。だからオーバーシェーネンフェルト修道院でシスターたちが真夜中にクリスマスの深夜ミサを祝い、すべてのローソクに火がつくと、それはまさに彼女たちにとってクライマックスとなるのだとシスター・アヌンツィアータはいう。クリスマスが彼女たちに押しよせてくる。強い感情と、喜びがわきおこる。そして陶酔があとにつづくのである。

受難——苦しみの受容

一方、イエスの誕生のあとには、よく知られているとおり、苦しみに満ちた「受難」の物語がある。受難節（または四旬節《しじゅんせつ》）とよばれる復活祭前の約四〇日、信者は普段以上の祈りと黙想、罪の告白や償《つぐな》い、犠牲や愛の業《わざ》を行なうことが求められている。

復活祭の直前には、判決から磔《はりつけ》をへて墓にいたる、苦しみに満ちた一四の受難が追体験される。信者たちは各場面を描いた絵を順にめぐり、それぞれの前に立って、祈り、黙想するのである。この受難の過程においてイエスは、人間がどのように苦しみに対処するべきかを身をもって示された。つまり、みずから進んで苦しみを引き受けられ、それを克服することで、全人類の罪をあがなうという輝かしい業《わざ》をなしとげられたのだ。

「私の弟子であろうとする者は、自分を棄《す》て、日々自分の十字架を背負って私にしたがいなさい」（「ルカによる福音書」9：23）

アンゼルム・グリューンによれば、人間が生きるうえで「自分の存在の有限性、つまり自分がやがて死ぬ運命にあることについて苦しむこと」は、どうしても避けられないという。だからこそ、それらの事実を正面から受け入れることが決定的に重要なのである。最終的にはそれが、より楽な道なのだからと。

トマス・ア・ケンピスもいう。

「もしあなたが自分の十字架をいやいや担《にな》うなら、あなたは自分の十字架の上にもうひとつの十字架を置き、重荷を倍にして、結局それを担わなくてはならなくなる」

つねに争い、憤り、悪事を行なう人は、自分のなかに不安をかかえ、自分自身が自分の障害になっている。そのため彼が担う重荷は二倍になる。十字架を進んで引き受けることは、それとは逆に、本質的な苦しみを正面から見すえ、そのことによって救いの道を堂々と歩くことを意味しているのである。

復活——すべての教えの源

イエスの生涯を追体験する受難節の祝祭は、しだいに苦しさに包まれていく。信者たちは処刑翌日の聖土曜日に、亡くなったイエスの遺体が墓のなかに横たえられている絵の前に立ち、その苦しみを追体験する。だが、その次の絵では、ついに天使が登場し、復活を、死に対する生の勝利を告げるのである。

復活祭はキリスト教の中心的祝祭であり、教えの源でもある。それは地上的な概念をはるかにしのぐ出来事であり、そのなかにはすべての信仰の鍵が含まれている。

イエスの復活が地上にもたらした結果は明白だ。イエスを信じる者たちはみな、「新しい命」を生きることになったのである。それは「ローマの信徒への手紙」（6：23）

のなかで、こう書かれている。

「私たちは洗礼を受けることでイエス・キリストと共に葬られ、その死にあずかるものとなりました。それは、イエス・キリストが御父《おんちち》の栄光によって死者のなかから復活させられたように、わたしたちも新しい命に生きるためなのです」

復活祭のシンボルは光で、信者はみな復活の火のまわりに集まってくる。場所によっては、火のついた「復活の輪」が山を転がってくるところもある。

昇天と再臨——天と人とをつなぐもの

復活祭の四〇日後にイエスの昇天がつづく。イエスはその死から三日目に復活し、自分の弟子たちのもとに四〇日あらわれたあと、「天に上げられ、雲におおわれて彼らの眼から見えなくなった」という。

四世紀以降、このイエスの昇天は独自の祝祭（昇天祭）として祝われるようになったが、その前は聖霊降臨《ペンテコステ》祭と共に祝われていた。聖霊降臨祭とは、イエスの昇天後、祈っていた弟子たちの上に神からの聖霊が降ったという出来事を記念した祝祭である。

実際、この二つの出来事には大きな共通点がある。それはいずれも人間を天と結びつける出来事であり、人間の人生により広い次元と空間をあたえる出来事だからである。こうした人間と天との結びつきが、いかに重要な意味をもつかについて、ベネディクト会士で作家のアンゼルム・グリューンは次のようにのべている。

「われわれがめざすべきは、天を自分の故郷として、そこから生きることのできる人間である。そんな人間にとって、人生における出来事はすべて相対化される。成功も財産も健康も、もはや最高の価値をもたない。そしてすべてのことに対して、以前より冷静に不安なく立ち向かうことができるようになる」

つまり修道院とは、ただ人生に疲れた人間が救いを求めて訪れる場所ではない。そこは天との確かな結びつきを求めて、人びとが絶えざる努力をつづける戦いの場でもある。そして堅牢なベースキャンプであると同時に、到達すべき頂上でもある天との確かな結びつきを手にしたとき、人間の日々の暮らしにも、真の安らぎが訪れるのである。

●資料篇

代表的なドイツの修道院と日本の修道院

代表的なドイツの修道院

◆オーバーシェーネンフェルト・シトー会女子大修道院
(Zisterzienserinnenabtei Obersch_nenfeld Gessertshausen)

オーバーシェーネンフェルト大修道院はドイツでまだ活動しているシトー会女子修道院のうち最古のものである。
言い伝えによれば、1186年ごろ神を求める女性たちがアウグスブルクの南、シュヴァルツァハタールのオーバーホーフェンでベギン派の共同体を結成した。1211年に彼らはシェーネンフェルトに移住した。修道院の敷地に屋外民族博物館、ビアガーデンがあり、修道女たちがパン屋と本屋を経営している。黙想のセミナーは定期的に開かれる催しのひとつである。

86459　ゲッセルツハウゼン(Gessertshausen)
E-Mail: abtei-obersch_nenfeld@t-online.de

◆マリーアヴァルト大修道院(Abtei Mariawald)
このドイツ唯一のトラピスト会大修道院はノルトアイフェルにあり、牧場や森に囲まれている。修道院は15世紀の終わりにシトー会会員によって創設され、その歴史のなかで幾度も修道士たちは修道院を追われた。1945年に最終的にトラピストたちはここへ引越し、それ以来ずっと彼らは客を暖かくもてなすことを大切にしてきた。個人もグループも歓迎され、訪問客用宿泊所に泊まれる。彼らはこの大修道院で修道士の聖務日課に参加できる。

52396　ハイムバッハ(Heimbach)
www.mariawald.de
E-Mail:pforte@mariawald.org

◆マリーエンローデ修道院(Kloster Marienrode)
この現代のベネディクト女子修道院分院は1125年にアウグスチノ修道参事会によって建てられた。今日ここには小さな共同体が生活しているが、彼らは本屋や工芸品店を経営しているだけではなく訪れる人々のためには祈りと黙想のための家もある。ここにはさまざまなコースがあり、代表例として、宗教的で瞑想的なダンス、イグナチウスの霊操、「祈れ、そして働け」をモットーにした祈りと修養の数週間コース、若い人びとのための信仰講座などが挙げられる。

グーツホーフ(Auf dem Gutshof)
31139　ヒルデスハイム・マリーエンローデ(Hildesheim-Marienrode)
www.kloster-marienrode.de
E-Mail: Buchhandlung.Marienrode@t-online.de

◆プランクシュテッテン　ベネディクト大修道院

(Bennediktinerabtei Plankstetten)

この修道院はマイン-ドナウ運河に掛かっている橋の上まで来ると、対の塔がそびえたその壮大な姿を現す。一群の建造物は、かつてロマネスク様式で建てられたが、17世紀の半ばにバロック様式で修復された。客を温かく迎えることがプランクシュッテテンではとても大切にされている。修道院の一部はもっぱら訪問者用に整えられている。個人も、グループも数日の黙想会、あるいは霊操に参加することができる。修道院の信仰講座（アカデミー）では様々な夏期講座が催される。

クロスタープラッツ（Klosterplatz）1
92334　ベルヒング（Berching）
www.kloster-plankstetten.de
E-Mail: gaestehaus@kloster-plankstetten.de

◆アーレンベルク修道院（Kloster Arenberg）

このドミニコ会の修道院はコーブレンツ近郊にある。ここは「休養し、出会い、癒す」をモットーに、健康増進のためのコースを開いている。これは心身全体を癒すもので、会話とクナイプ療法を用いる。この療法は水浴による一種の自然治癒療法で、１９世紀に、聖職者のゼバスティアン・クナイプ（1821 ～ 97年）が創案した方法である。

ケルビーネ・ヴィルマン・ヴェーク（Cherubine-Willmann-Weg）1
56077　コーブレンツ（Koblenz）
www.kloster-arenberg.de

◆トゥツィング　宣教・ベネディクト女子修道女会

(Missions-Benediktinerinnen von Tutzing)

若い女性たちが、この1889年に作られた共同体と共に数日生活し、働き、祈るよう招かれている。面談は、先に取り決めておけば可能。

バーンホーフシュトラーセ（Bahnhofstr.）3
82327 Tutzing
www.missionsbenediktinerinnen.de
E- Mail: information@missions-benediktinerinnen.de

◆キームゼー内フラウエンヴェルト　ベネディクト大修道院

(Benediktinerinnenabtei Frauenw_rth im Chiemsee)

このアルプスの北のドイツ語圏でもっとも古い修道院はキームゼーの島にある。この立地条件が修道院を荒廃や戦争による被害から守ってきた。修道院には今日でもなお貴重な美術品が豊富にある。訪問客には、団体用の黙想に始まり、静寂に包まれた数日からアーユル・ベーダ（インドの伝承医学）コースに至るまで広範囲なプログラムが用意されている。

82356　フラウエンキームゼー（Frauenchiemsee）
www.Frauenwoerth.de
E-Mail: Frauenwoerth@t-online.de

◆ヒメロート　シトー会大修道院（Zisterzienserabtei Himmerod）
ヒメロート大修道院はアイフェルにあり、これはクレルヴォーのベルナルドゥスが彼個人で選び出した場所である。この静かな場所はみずからの内面に引き戻るのに理想的である。訪問者は来客用宿泊所に泊まることができる。この大修道院は数日の黙想や霊操を提供している。

54534　グロースリトゲン（Gro_littgen）
www.kloster-himmerod.de
E-Mail:webmaster@kloster-himmerod.de

◆聖ミヒャエル大修道院（Abtei ST.Michael）
聖ミヒャエル大修道院は、ミヒャエルスベルクという山のはるか山上にあり、スビアコ修道院会のベネディクト会士によって運営されている。ボンの近郊ジークブルクの町中からこの山上の静寂の場へは街路と歩道が通じている。訪問客は修道院の外側の庭に当たる場所に泊まる。この修道院は特に男性限定で、祈りと黙想の数日間のコースが設けられている。

ミヒャエルスベルク（Michaelsberg）
53721 Siegburg
www.kloster-michaelsberg.de
E-Mail:abtei.michaelsberg@t-online.de

◆ネーレスハイム　ベネディクト会大修道院（Benediktinerabtei Neresheim）
世俗から離れたい、安息を得たい、黙想したいという人の要望にネーレスハイム修道院のベネディクト会士たちは独自の修道院宿泊施設（58床）で献身的に応じてきた。短期訪問者、休養を求めている人、集会参加者が迎え入れられる。たくさんの黙想コースやセミナーを含んだ修道院独自のプログラムによって、参加者は日常生活から離れることができる。修道院は自分自身の農場、パン屋、肉屋そして本屋を持っている。教会はバロック建築の巨匠、バルタザール・ノイマンの傑作である。

73450 Neresheim
Klosterhospiz

www.neresheim.de
E-Mail:info@klosterhospiz-neresheim.de

日本の読者の方へ：日本の修道院の調べ方

修道院に興味を持たれた方は、カトリック中央協議会のホームページから情報を得ることができます。このホームページのトップページの左側の「リンク」ボタンをクリックし、画面中央の「リンク国内」をクリックすれば、教区（日本は札幌教区から那覇教区まで、16の教区に分けられています）ごと、さらに代表的ないくつかの修道会・宣教会のホームページアドレスが掲載されていますので、最寄りの教区や修道会・宣教会の活動を調べることができます。

また、カトリック中央協議会で毎年刊行されている『カトリック教会・情報ハンドブック』には、日本の16教区にある、すべての教会、修道会から教育関係施設などの連絡先が掲載されています。さらに、直接教会などを訪問するのであれば、各教区で制作されている「教区報」が手に入ります。教区報には、勉強会などのお知らせの情報が掲載されているので、参考になることでしょう。

そのほか、上智大学カトリックセンターでは、学外者でも、カトリックに対する質問にできる限りの対応をしてくださります。ホームページ内でのＱ＆Ａコーナーも大変参考になります。

カトリック中央協議会ホームページ

http://www.cbcj.catholic.jp/jpn/index.htm

上智大学カトリックセンター

http://www.sophia.ac.jp/J/first.nsf/Content/cathocen

編　者　**ペーター・ゼーヴァルト**

1954年生まれ。シュピーゲル、シュテルン、南ドイツ新聞の雑誌編集者かつ筆者。ローマ教皇ベネディクト16世との対談本『地の塩』、『神と世界』は16カ国語に訳されている。最近出版された著書に『グリュース・ゴット―再び神のことを考え始めた時』があり、『修道士文庫』の編纂者でもある。ミュンヘン在住。

著　者　**ジモーネ・コーゾック**

1967年生まれ。WAZおよび南ドイツ新聞の雑誌編集者として活躍した。2002年からフリージャーナリスト、ライターとして仕事をしている。最近出版された著書に『誰に向かっても無言』がある。

翻訳者　**島田道子**（しまだ　みちこ）

慶應義塾大学大学院文学研究科独文学専攻（修士課程）修了。専門はドイツ語圏文学で、特にローベルト・ムージルの文学に造詣が深い。現在、鶴見大学歯学部学内教授。

修道院へようこそ―心の安らぎを手にするための11章

2010年５月10日第１版第１刷発行
2024年11月10日第１版第10刷発行

編　者……ペーター・ゼーヴァルト
著　者……ジモーネ・コーゾック
訳　者……島　田　道　子
発行者……矢　部　敬　一
発行所……株式会社 創元社
https://www.sogensha.co.jp/
本社　〒541-0047 大阪市中央区淡路町 4-3-6
Tel.06-6231-9010　Fax.06-6233-3111
東京支店　〒101-0051 東京都千代田区神田神保町 1-2 田辺ビル
Tel.03-6811-0662
造本装丁……渋川育由
イラスト……朝倉めぐみ
ＤＴＰ……寺村隆史
印刷所……株式会社 フジプラス

© 2010, Printed in Japan　ISBN978-4-422-14387-3